容貌焦慮

擺脫壓力、憂鬱、厭食的惡性循環，
重新愛上自己的真實樣貌

諮商心理師**王昱勻**（艾彼）著

目次

推薦序　鐘穎 　　　　　　　　　　　　　　　　　　　　　　　　　　4
作者序　容貌焦慮，可以是一個被認眞對待的社會關懷議題嗎？　　　7

PART01　不只是愛美，容貌焦慮是需要正視的心理疾病
CH01 桃花雙 vs. 高冷單，誰用眼皮定義了觀衆緣？　　　　　　13
CH02 高個子女孩的難言之隱　　　　　　　　　　　　　　　　25
CH03 模特兒的身材焦慮：瘦的滋味，永遠比食物更棒！　　　　39
CH04 凍齡、抗老，不如選擇解凍「老」的偏見！　　　　　　　51

PART02　暴食症、厭食症、過度運動，都與容貌焦慮有關
CH05 男性也有外貌焦慮，只是沒人教他們說出來　　　　　　　65
CH06 誰能站 C 位？舞者偸偸都在比　　　　　　　　　　　　　75
CH07 隱藏在膚色底下的內隱偏見和歧視　　　　　　　　　　　87
CH08 無所不在的數位觀衆，讓外貌成了公開考試　　　　　　　99

PART03　容貌焦慮的成因，需從生理、心理、社會三個角度理解
CH09 做不完的整形：我的臉、我的身材，永遠有瑕疵！　　　111
CH10 芭比來到眞實世界時，她對滿頭白髮的奶奶說「妳眞美！」　123
CH11 肌肉、速度，還有被忽略的身體焦慮　　　　　　　　　135
CH12 肌肉崇拜：健身文化的身體焦慮　　　　　　　　　　　147

PART04　疫情、AI時代、意外，如何改變我們看待身體的方式？
　CH13 濾鏡文化：照片不好看不敢上傳！　　　　　　　　　　*163*
　CH14 AI時代虛擬角色的魅力與迷思　　　　　　　　　　　*177*
　CH15 顏值即正義，導致「職場」成為「容貌歧視」發酵地　　*189*
　CH16「孩子最大」，生產前後不能說的焦慮　　　　　　　　*203*

PART05　容貌焦慮議題，需要透過改變社會才能緩解，
　　　　　 是一個平權議題
　CH17 長相決定升遷？職場容貌歧視的隱形天花板　　　　　 *219*
　CH18 童顏專業人士努力「裝老」證明自己　　　　　　　　 *231*
　CH19 跨性別者的容貌焦慮：我好害怕被識破　　　　　　　 *241*
　CH20 牙齒成了資本主義的象徵　　　　　　　　　　　　　 *253*

附錄01 參考資料　　　　　　　　　　　　　　　　　　　 *263*
附錄02　　　　　　　　　　　　　　　　　　　　　　　　*267*
　當教科書無法給答案，心理師需要反身實踐
　「EMBRACE：七步驟擁抱容貌焦慮」課程的誕生

推薦序

鐘穎／心理學作家、愛智者書窩版主

對容貌感到焦慮並不是你的錯。因為整個社會機制都會獎賞那些外表好看，身材符合「標準」的人。

你之所以對外表焦慮，是因為「生存」的需要。

受「月暈效應」（Halo effect）的影響，好看的人在求職、求偶、人際關係中都比較吃香，因為我們會在潛意識中假定，帥哥美女比較聰明、和善、甚至有愛心。這個動力是隱微的，也是多數人不會說出口的默契。

外貌會帶給我們很大的優勢。但是第一印象並非無法扭轉，因為人是社會性的動物。我們不僅會一見鍾情，也會「日久生情」。有能力、性格穩定的人會持續性地在人際評分中得分，從而扭轉外表的印象。

要知道，大腦是喜新厭舊的，它會追逐新刺激。所以只要時間一久，帥哥美女也會被這個天生的機制給降分。因此無論是職場還是親密關係，最重要的絕非外表，而是個人成長的意願，它會強化實力，帶來深度，這才是你最大的底氣。

容貌焦慮這個議題之所以需要被重視，是因為我們活在一個過度曝光的時代。在「向上比較」（upward comparison）心態未能受到個人妥善控制之前，我們都會持續把社群媒體上面光鮮亮麗的藝人偶像視為自己效法的對象。

不僅是青少年，許多成年人也受到了容貌焦慮的影響。相信讀者也注意到了，即便許多人的 IG 雖然字裡行間寫的全是「健康」與「健身」，但照片裡顯露的訊息卻是「瘦身」。

把健康窄化為「瘦」是容貌焦慮者最常見的自我欺騙手法，我們四處可見這類錯誤訊息的傳遞。

女性通常追求「瘦」，而男性比較可能追求「壯」。透過發達的肌肉來確立或說服自己擁有男性氣質，這件事情給某些男人帶來的壓力可能不比追求瘦的女人低。

尤有甚者，容貌焦慮雖然多數時候是個人議題的延伸，但它有時候會成為壓迫他人跟自己看齊的手段。

當老師就要有老師的樣子，當XX就要有XX的樣子，這個「樣子」指的有時不是行為舉止，而是外表穿著。

因此個人經常在「做自己」跟「做別人想像中的自己」中拔河，為了把自己放進社會的標準中而疲憊不堪。

當有一群人為了讓自己像別人而焦慮的時候，另外有一群人選擇了退縮。

關於這一點，只要看看有多少人會整天戴著口罩跟人互動就知道了。正如書中所言，他們經常用的說詞是「過敏」或「感冒」，但有時也會說是自己臉上長了東西。

我會特別關心將口罩戴一整天的學生，鼓勵他們拿下口罩做報告或與同學自在聊天，你會發現他們的問題不見得是出在外表，而是覺得口罩更能給他們某種說不出的安全感。

換言之，即便看似是容貌焦慮，也可能還有其他議題所造成的對於自己的不信任。他們通常有自卑或內疚的狀況，因此嫌棄自己的臉上長了東西。但那些東西（例如青春痘或痣）其實並不明顯。

容貌焦慮因此也可以是我們判斷一個人是否適應良好，他對自己

是否有足夠信心的指標。

這個議題之所以值得我們重視當然是因為我們活在一個很躁動的時代，受到強大的「一致化」的傾向所影響，每個人都害怕做自己，想要躲在「集體」中迴避自我認識的焦慮。

大家追求一樣的興趣，做一樣的打扮，享受一樣的娛樂，追同一部劇，藉此逃避「分裂」與「孤獨」。只要我跟大家一樣，那我就不孤單了。不僅要做一樣的事，也要長一樣的臉。

著名的反烏托邦小說《我們》（We）就曾描述了這樣的「大同世界」，每個人都長一樣，身高一樣、智商一樣，能力一樣，裡頭不再有「我」，剩下的只是「我們」。

容貌焦慮所反應的，其實是人的個體化需求並未被「做自己」、「愛自己」這類空洞的口號給真的滿足，我們的特立獨行依舊只是假模仿，從來沒有落實為「向內看」，向陰影處探求的真功夫。

我們以為逃離了家庭，迴避了關係與責任就能成為自己，其實沒有。因為我們一個轉身，就擁抱了更大的虛假，再次將自己從屬於由政治身分所建構出來的集體。

作者王昱勻心理師對此議題的重視再次揭開了當代文化對「個體性」（individuality）的誤解。這本書屬於新的時代。

作者序

容貌焦慮，可以是一個被認真對待的社會關懷議題嗎？

可以如此，也必須如此！

試想一下，現在社會對於「我有憂鬱症」這句話，還會用「想太多、不知足？」來回應嗎？但如果眼前的人說出：「我有容貌焦慮！」這句話，實際上觀察到的回應，仍舊是脫離不了這幾種：

A.「你這樣還容貌焦慮？我這樣都沒有容貌焦慮了！」
B. 一直安慰對方，跟他說：「你很帥／妳很美！不要想太多！」
C. 建議他：「覺得自己不好看，就去減肥／增肌／整形啊！」

為什麼這些回應很打咩（日文發音，意指不行）？我們來代換看看，你會不會這樣對憂鬱症患者說呢？

A.「你這樣有憂鬱症？我這樣都沒有憂鬱症了！」
B. 一直安慰對方：「你很棒，你很好！不要想太多！」
C. 建議他：「覺得憂鬱，就轉個念／去運動啊！」

你不會這樣對憂鬱症患者說話，因為你知道憂鬱症是一種心理疾病，需要被認真對待。即使說不出口，你也不敢亂回話。但對容貌焦慮者，你從過去經驗中篩選，所能做出的回應還很有限，而且多半會用玩笑的態度，或是不把這個困擾當成一回事。

這不是你的錯。因為，容貌焦慮現在被當成行銷詞彙一樣，廣泛地被使用，你不知道怎麼歸類容貌焦慮，你甚至連容貌焦慮是不是真的是一個疾病都不知道。這樣的你，怎麼對這個困擾認真對待？

If beauty is not only skin-deep
看見皮膚底下，容貌焦慮的層次

筆者身為心理師，還是有責任需要提醒大家，「容貌焦慮」，其實不是一個正式的心理學、醫學用語，而是台灣民眾現在比較習慣的行銷詞彙。就和 10～20 年前，民眾會把精神科醫師、諮商心理師、臨床心理師都稱作「心理醫生」一樣。容貌焦慮，這個用詞比較親民和直覺，所以被廣泛地使用。

正因此，容貌焦慮一直被誤會是個膚淺的議題，實際上，那是因為大眾並未看見「容貌焦慮」的層次。實際上，大眾目前口中的「容貌焦慮」還可以被細分為「廣義」和「狹義」兩種。

和容貌焦慮相近的詞彙有兩個，一個是負面身體意象（Negative Body Image）。

當我們眼睛接收到鏡子中自己的形象後，我們會如何思考自己的身體？對這個身體有什麼感覺？如果對自己的身材和外貌，充滿了負面的感受和批評，很有可能這個人有「負面身體意象」，也就是現在泛稱的「容貌焦慮」。

在負面的身體意象之下，再推進一層，會來到「身體臆形症（Body Dysmorphic Disorder，簡稱 BDD）」，臆測的臆，形狀的形，這個中文名稱選了很適切的用字，指的是當事人會一直擔心、臆測自己的身材或身體的特定部位，如：眼睛、鼻子、牙齒、胸部、肩膀等等，是

不是有點變形？是不是和一般人長得不一樣？而且，會不會所有人都注意到了？

BDD 這個疾病，被規範在《精神疾病診斷與統計手冊第五版》之中，是一個正式的精神疾病。罹患這個疾病的民眾，會很在意自己身體或臉部的小細節，且造成進一步的身心功能失調，比如：花太多時間確認自己的長相，以至於沒有辦法在工作或學業上專注；太擔心自己在別人眼中的樣貌不得體，而拒絕必須要進行人際社交的場合。

2024 年好萊塢電影《懼裂》（The Substance）中，黛咪・摩爾（Demi Moore）飾演的女主角伊莉莎白・史巴克（Elisabeth Sparkle）在赴約前換了好幾套衣服、化妝後又卸妝再化妝，最終沒能出門見上朋友一面，就是一個最極端的例子。

對我來說，關注容貌焦慮議題，像是一個啟蒙運動。

過去，你只是接收對外貌的標準，現在我們拆解對外貌的標準從何而來，了解以後，才有選擇的空間，也才有讓別人做他自己、不改變外表的空間。關注容貌焦慮，具有提升社會平等、性別平等的力量，符合聯合國 SDGs 永續發展目標的兩項指標。

在台灣，容貌議題是否曾經被真正重視，並好好對待過？

「容貌焦慮」不只是單純「愛美、愛漂亮」的問題而已，而是一個涉及心理健康與社會平等的深層議題。在《容貌焦慮》這本書發行之前，台灣尚未有一本書籍，乃至心理專業工作者能夠「專注」地討論身體意象，大多是蜻蜓點水，跟風式的沾一沾。

跟風的後果是，讓大眾對於容貌焦慮的認識僅限縮在模稜兩可的「愛美、愛漂亮」框架中，沒有辦法突破到下一層去討論，包含生理因素、身體意象、社群媒體、社會階級等更有意思的話題。

這個現象之下，真的因為外貌而產生困擾的青少年男女、患者們，缺乏可以描述的詞彙與認知，不知道如何描述自己的心理狀態，不知道描述了以後，會不會被接納？是否反而會被認為「小題大作」、被認為「膚淺」，而受到更多嘲笑？抑或，被夾雜在「我也有容貌焦慮啊」這類聲音之下，把自己的困擾輕描淡寫地帶過？

在這本書與其延伸的作品中，我們訪問了許許多多的案例，驚訝地發現到，青少年男女、患者們「很少」或「幾乎不曾」以因為「外貌」導致身心健康、人際關係受到影響等緣故，而向老師和家長求助。

有些案例中，即使求助了，第一線的老師和家長們，也多半對這個議題感到陌生。缺乏相關的概念與詞彙，最終都將孩子導引到「不要想太多！」、「我小時候也因為外表被取過難聽的綽號，現在還不是熬過來了？」、「做好本分，好好念書。」、「那你是不是要改變自己的外表和身材？」這類的方向上。這些語句很常見，卻難以發揮任何作用，甚至連安慰都算不上。最終，這些話語都反應了所謂的「成人們」對容貌焦慮的無所適從和不知所措。

這些故事中的案例，不會是唯一一個因為外貌感覺困擾的人。上面提到的這些老師和家長，也不會是唯一一個聽到學生、孩子自述有「容貌焦慮」而不知如何回應的成年人。

最終，我得知了一個結論──原來，青少年男女難以坦承因「外貌」產生困擾，正反映出了大人對新世代議題的不知所措！而大家的容貌困擾，都不曾被好好對待過。

將出版作為一種教育的媒介，就是實踐心理專業與媒體之間的社會責任。

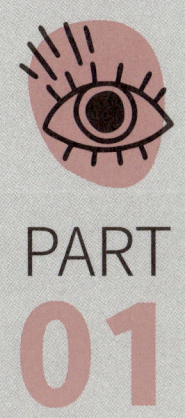

PART
01

不只是愛美，容貌焦慮是需要正視的心理疾病

Chapter 01

桃花雙 vs. 高冷單，
誰用眼皮定義了觀眾緣？

＃雙眼皮 ＃單眼皮 ＃好面相

Story｜從「不夠有觀衆緣」到成爲舞台焦點，單眼皮女孩用演技征服全場

柚子小時候最喜歡的遊戲，就是躲在客廳的窗簾後方，偷偷模仿電視劇裡的角色——或皺眉沉思，或歇斯底里大喊，然後再躍出窗簾，向「想像中的觀眾」鞠躬謝幕。她樂此不疲地表演，彷彿天生就該走上舞台。

上高中那年，她讀到一本關於「面相學」的書。書裡提到：「眼睛大、雙眼皮深邃的人，人緣佳桃花旺；單眼皮的人，則較為高冷理性，不利於第一眼印象。」讀到關於自己的「單眼皮」描述時，柚子心裡納悶了一下：「難道我天生就欠缺能讓人一見傾心的魅力，或許日後連『舞台運勢』都會因此受阻嗎？」

此後，那條細長的單眼皮便成了她在鏡子前反覆檢視、千方百計想掩蓋的存在。

進入大學後，柚子決心參加實驗劇場的選角。但一走進教室面對評審，她就覺得自己單眼皮顯得特別突兀，心裡很擔心：「評審會不會覺得我的眼睛不夠靈動？是不是因此難以留下印象？」果然，第一輪試鏡結果並不理想——她因為過度緊張而忘詞，也沒有充足的自信展現表情細節，被評為「聲音有特色，但表情感染力稍嫌不足」。那天晚上，她望著鏡子裡的自己好久，彷彿那雙細長的眼瞼正嘲笑她的不足。她翻出那本面相學書籍，越看越覺得「果然是因為我單眼皮，才不被看好啊！」

單眼皮不能當主角？

單眼皮讓柚子困擾、自卑了好久，直到有一天，她在網路上發現了一段韓國女演員金高銀的作品精華剪輯。金高銀在韓國演藝圈以「單眼皮」卻有極佳的演出運勢著稱，尤其是她富含層次的演技與生動表情，讓角色富有靈魂，從《鬼怪》到《破墓》，皆是膾炙人口的作品。金高銀不但沒有改變自己的眼型，反而透過那些看似「不典型」的眼型，展現或憂鬱、或堅定、或開朗的百變神情；尤其在一些特寫鏡頭裡，那雙單眼皮依然能呈現難以忽視的情感衝擊。她不禁想，「如果金高銀能靠演技走到如此耀眼的位置，是否代表『單眼皮』並不是一道絕對的阻礙？」

她開始留意更多擁有單眼皮或「不符合傳統大眼審美」的女演員，從韓國影壇延伸到日本、歐美。有些人同樣擁有不對稱的眼皮或偏細長的眼型，卻依然在鏡頭前散發迷人光彩。「原來單眼皮或雙眼皮並沒有我想像中那麼具有決定性。真正關鍵的是我能不能透過角色，跟觀眾產生連結。」她這麼告訴自己。

於是她重新報名實驗劇場試鏡。這回柚子沒再翻開那本面相學的書，她把所有注意力都投入在角色的準備上，從台詞咬字到表情連貫，每天對著鏡子反覆琢磨哭與笑。起初，她仍不自覺想透過濃眼線或雙眼皮貼讓眼神「看起來更靈動」。不過在一次排練結束後，導演過來笑著拍拍她的肩：「看來有人克服了單眼皮魔咒囉！我看見妳的情緒表達更有層次了呢！」柚子心裡終於卸下一塊大石，對自己又增加了幾分自信。

讓演技成為最有力的語言

正式試鏡那天，柚子穿著白襯衫和牛仔褲，淡妝上鏡，自信朗誦

一段角色獨白——一位歷經人生劇變的女性。她將情感全注入在那雙細長的眼睛中，用獨特的表演方式呈現角色的壓抑與渴望。當她輕聲吐出最後一句台詞，現場一片寂靜，彷彿只剩她的聲音與眼神在場上流轉。

最終，她順利入選為重要主角。導演告訴她：「妳詮釋角色時，眉眼之間的細節很動人，讓人移不開目光。」那一刻，柚子幾乎落淚——她曾以為單眼皮是舞台上的劣勢，沒想到在真誠的表演裡，它成了最能傳遞情緒的工具。

首場演出前，她站在後台，看著鏡中的自己，眼裡閃著緊張又期待的光。她想起過去那些被面相學困住的時刻，也想起讓她破除偏見的那場演出。她終於明白，決定一個人能否發光的，從來不是外貌，而是真誠。

隨著演出場次越來越多，觀眾與同儕漸漸發現：即使是單眼皮，柚子的表演依然充滿感染力。有人勸她出道前去割雙眼皮，她只笑著說：「情緒的張力，不靠眼皮的摺痕。我只專注在角色上，自然會被看見。」

從前，她總以為自己先天條件吃虧，如今，她以實力打破偏見。再有人提起面相學，她只是淡淡一笑：「如果命運真能由眼皮決定，那我們還努力幹麼？」

燈光下，柚子站在舞台中央，那雙單眼皮仍舊如昔，但觀眾的掌聲與目光，全都投向她。她知道，偏見或許還在，但已無足輕重。因為只要她願意，那雙眼睛就能演出所有情緒，照亮她選擇的舞台。

非典型魅力是你的超能力

這項練習的目的在於幫助你覺察自己的獨特特質，擺脫社會對外貌的單一標準，發掘自身不依賴外貌的吸引力，並培養自信。這項練習透過發掘個人特色、反思正向影響，並將其轉化爲標誌，幫助你建立更穩固的自我價值，讓你從過去的懷疑中轉向。

步驟一　請列出你的「非典型魅力」

想想有哪些特質是過去你曾懷疑過，但實際上卻讓你更有特色的？寫下至少 3 項，例如：

「我有一雙單眼皮的眼睛，但它能呈現很深邃的情感。」

「我的嗓音低沉，雖然不符合傳統女性聲線標準，但卻很有個性。」

「我有豐滿的體型，但這讓我在舞台上更有存在感。」

步驟二　回想這些特質幫助過你的時刻

每個特點至少寫下一個正向影響，例如：

「有次導演說，我的單眼皮能展現角色的憂鬱感，比雙眼皮更有層次。」

「我在主持活動時，低沉的嗓音讓現場觀眾更容易專注於我說的話。」

步驟三　創造你的「獨特標誌」

選擇一個你曾經不滿意，但現在願意擁抱的特點，練習讓它成為你的自信來源。

1. 如果是單眼皮？

→嘗試拍攝一張強調眼神的照片，捕捉它最有魅力的時刻。

2. 如果是獨特聲線？

→錄一段自己說話或唱歌的音檔，欣賞它的獨特韻味。

3. 如果是某種身形特質？

→選擇一套展現優勢的服裝，讓自己穿上後感覺自在自信。

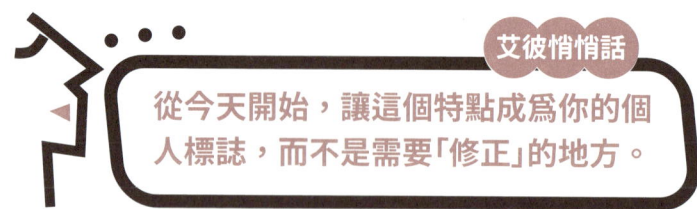

艾彼悄悄話

從今天開始，讓這個特點成為你的個人標誌，而不是需要「修正」的地方。

Theory 「容貌焦慮」只是個流行詞？你可能低估了它的影響力

容貌焦慮可以分為「廣義」和「狹義」

容貌焦慮，其實不是一個正式的心理學或醫學用語，而是台灣民眾現在比較習慣的行銷詞彙。因為比較親民和直覺，所以被廣泛地使用。

和容貌焦慮相近的正式學術詞彙有兩個，一個是負面身體意象（Negative Body Image）。當我們眼睛接收到鏡子中自己的形象後，我們會如何思考自己的身體？對這個身體有什麼感覺？如果對自己的身材和外貌，充滿了負面的感受和批評，很有可能這個人有「負面身體意象」，也就是現在泛稱的「容貌焦慮」。

在負面的身體意象之下，再推進一層，會來到「身體臆形症（Body Dysmorphic Disorder，簡稱 BDD）」，臆測的臆，形狀的形，指的就是當事人會一直擔心、臆測自己的身材或身體的特定部位，如：眼睛、鼻子、牙齒、胸部、肩膀等等，是不是有點變形？是不是和一般人長得不一樣？會不會大家都注意到了？

BDD 這個疾病，被規範在《精神疾病診斷與統計手冊第五版》之中，是一個正式的精神疾病。罹患這個疾病的民眾，會很在意自己身體或臉部的小細節，且造成進一步的身心功能失調，比如：花太多時間確認自己的長相，以至於沒有辦法在工作或學業上專注；太擔心自

己在別人眼中的樣貌不得體，而拒絕必須要進行人際社交的場合。

2024年好萊塢電影《懼裂》之中，黛咪・摩爾飾演的女主角伊莉莎白・史巴克在赴約前換了好幾套衣服、化妝後又卸妝再化妝，最終沒能出門見上朋友一面，就是一個最極端的例子。電影的戲劇效果當然要求誇張，不過你如果回想一下，在你的現實生活中，也一定聽過不少這樣的情境：「我覺得自己不如照片中的我好看，怕對方看到我之後就不想再聯絡了！東想西想，最後還是找了一個藉口不赴網友的約。」這個就正是讓「容貌焦慮」導致自己生活圈縮小、人際圈縮小、機會變少的例子。

負面身體意象 vs. 身體臆形症：你在哪個範圍？

我們可以用同心圓來想像「負面身體意象」、「身體臆形症」與「容貌焦慮」之間的關係。

如果要說是「廣義」的容貌焦慮，就會落在負面身體意象的範圍裡，一個人只要是不喜歡自己的身材、外貌，都可以說自己有容貌焦慮。但若是「狹義」的容貌焦慮，那麼就屬於「身體臆形症」的範疇，必須符合《精神疾病診斷與統計手冊》中的標準才行。這些標準包含當事人可能過度關注一個或多個身體外貌缺陷或瑕疵，而這些缺陷在他人眼中並不可見或僅輕微可見。

其次，在疾病過程中的某個階段裡，當事人曾經因為擔憂外貌而進行重複的行為，例如，反覆照鏡子、過度修飾、摳皮膚、尋求他人的言語保證，或重複地將自己的外貌與別人進行比較。

第三個是，這種對外貌的過度關注，導致當事人出現明顯的痛苦，而且在交友、感情、學習或工作等生活層面上造成阻礙。

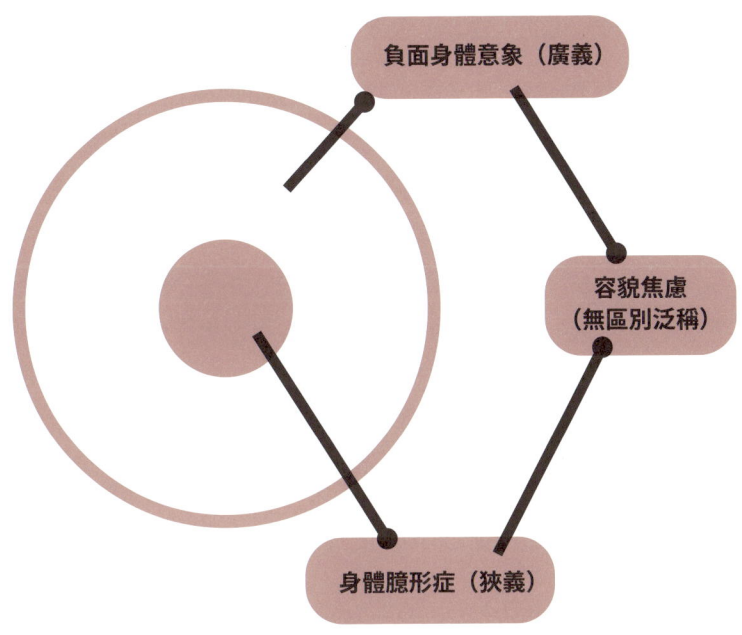

青少年男女因「外貌」產生困擾,父母和師長該如何回應?

看完前面同心圓的比喻,讀者可以了解到,從對自己不滿到嚴重的身體臆形症,都可能在現今的社會中被稱作「容貌焦慮」。而對身體不滿、有負面的身體意象的人,也更可能直接和間接地受到主流審美、社會價值觀、外在環境、社群媒體的影響,導致討厭自己長相、身材的情況加劇,也有越高的機率演變成更嚴重的「身體臆形症」,進而干擾到學業表現、工作選擇與人際互動。

「容貌焦慮」不只是單純「愛美、愛漂亮」的問題而已,而是一

個涉及心理健康與社會壓力的深層議題。這本書之前，台灣尚未有心理專業工作者「專注」討論身體意象，大眾對於身體意象的認識僅僅限縮在模稜兩可的「愛美、愛漂亮」框架中。

　　在這個現象之下，真的因為外貌而產生困擾的學子，缺乏可以描述的詞彙與認知，不知道如何描述自己的心理狀態，也不知道描述了以後，會不會被接納？或是，會被認為「小題大作」、被認為「膚淺」，反而受到更多嘲笑？抑或被夾雜在「我也有容貌焦慮啊」這類聲音之下，因此把自己的困擾輕描淡寫地帶過？在我們訪問過的案例之中，發現到，青少年男女們「很少」或「幾乎不曾」以因為「外貌」導致身心健康、人際關係受影響等緣故，向老師和家長求助。

　　而有些案例中，即使求助了，第一線的老師和家長們，也多半對這個議題感到陌生。缺乏相關的概念與詞彙，最終都將孩子導引到「不要想太多！」、「我小時候也因為外表被取過難聽的綽號，現在還不是熬過來了？」、「做好本分，好好念書。」、「那你是不是要改變自己的外表和身材？」這類的方向上。這些語句很常見，卻很難達到安慰的效果。最終，都是反應了大人們對於外貌在這個看臉時代中的不知所措。

　　當青少年因外貌而困擾時，父母與師長的角色，不是急於矯正、否定或輕描淡寫，而是先給予理解與語言。重要的不是立刻給出解法，而是提供一個可以安心說出內心感受的空間。此外，大人們也必須補上對「身體意象」與「容貌焦慮」的理解。唯有先承認「這個困擾是真實的」，青少年才會相信自己不是在「小題大作」，也才能進一步探索自己與身體的關係。

　　在這個強調外貌的時代，我們需要的不是更多評論，而是更多陪

伴與同理。真正能夠幫助孩子走出焦慮的，不是否認問題，而是有人願意一起面對。

「不想只是跟風，我還能做什麼？」
從疑惑到行動：心理師的容貌焦慮研究之路

在此，我想和你分享，我是如何開始這一系列的研究與自學之路的。

2022 年年底，有不少 20～30 歲左右的個案，前仆後繼地來告訴我，他們有容貌焦慮。這個數量多到讓我覺得有點驚訝，當時蠻多報導都提及「容貌焦慮」，我也剛好為一本書寫完推薦文，他們看一看發覺自己有所符合，便產生了想來找我諮商的想法。

我遇到的個案和學員，在覺察到自己有「容貌焦慮」以後，就像被打開的水龍頭，卻不知道水要被導引到哪裡去，所以很自然地流到我這裡來。

我遇過，只要大型考試迫在眉睫就覺得自己很胖、想要減肥的學生；也遇過，在交往期間遭伴侶嫌棄，受到外貌困擾的人；也曾經遇過，因為外表被同學霸凌而產生憂鬱焦慮，導致飲食疾患的學生。還有很多不勝其數的例子。

當我遇到第一個明確要來談容貌焦慮議題的個案時，當下我是不知道怎麼辦的。因為，身體意象、身體臆形症、飲食疾患的篇章，在教科書裡大概占不到百分之 2。較大宗的疾病像是焦慮症、憂鬱症，就有很多的篇幅，相比之下，這個議題其實偏小眾。

諮商心理師的倫理，永遠都是以案主的權益考量為優先。所以，我當下決定，很誠實地向這個學生回覆道：「我過去真的很缺乏這一

方面的訓練，如果你願意持續談下去，在協助你的過程間，我會很負責任地去研究、深入瞭解這個議題。」

2022年時，我是用教學相長的方式和學生談這個議題的。

越談越發現，容貌焦慮這個議題，是一個橫跨各族群、不同性別、不同年齡層的議題。例如，20歲上下的男性和女性，目前對於容貌焦慮的比例已經接近5：5了，並不是像大家誤以為的一樣，覺得這是女生專屬的議題。

我也觀察到，目前在台灣，「容貌焦慮」還只能看到跟風、流行的一點點文章，風潮過了就過了，沒有人真的深入地在耕耘這個議題。談著談著，「超越鏡子」的網路平台在2022年底被建立了；2024年年中，「EMBRACE：7步驟擁抱容貌焦慮」的課程完善了；2025年年中，這本書也上市了。

我的觀點裡，這個議題非常適合結合NGO，也非常適合結合美容相關產業。這也是「超越鏡子」未來會持續努力的方向。至於其原因，在這本書中的其他文章裡還會陸續提到，這裡就不先盡數。

如果過去，你僅僅將容貌焦慮視為對外表的執著，可能會忽略其對心理健康的影響，甚至延誤需要專業協助的時機。因此，建議大家從各個章節內容中，細心了解自己目前的狀態，透過這樣的內在觀察，去真正理解自己的需求，並採取適當的方式，如：書中的練習、線上課程或是專業諮商，來逐步調整自己並尋求幫助。

無論你是自助者或是老師、家長的角色，我都鼓勵你，繼續往後閱讀。未來當你被問起「容貌焦慮」議題時，一定可以給予需要求助的對象，正確的資訊管道。

高個子女孩的難言之隱

＃高個子＃女孩＃身高＃長得高也有困擾

Story ❶ 「為了不讓你們壓力太大，我努力縮小自己！」

欣妤第一次感受到「身高」是自己與同儕之間的一道牆，是在小學六年級的時候。她個頭比同學高出一截，連班上最高的男同學都在她肩膀以下。打躲避球時，隊友總嘆著：「我們有欣妤，一定贏！」說是自信，卻也像把她推到一個沒有退路的高台上。對手見她高，就專挑她做目標，儼然一場圍剿。那時球一次次砸過來，既是挑釁，也是讓她害怕的霸凌。

她心裡想大聲說：「為什麼要針對我？」卻又擔心自己若多說一句，會被視為公主病、愛抱怨。於是，只能在場上默默承受。

每次回到家，她都想向母親求助，告訴她在球場上自己被針對、被嘲笑的那份委屈，但話到嘴邊，卻又停住。她不想要母親小題大作，為她帶來更多關注。她隱隱覺得，自己只要再低調一點、再「縮小」一些，別人就不會注意她。她養成了一個習慣：遇到任何事，先縮起肩膀、把頭垂下來，希望能讓自己跟別人看起來「差不多高」。用這種姿態，她在小六那一年度過了數不清的體育課，也安靜地走過許多本該開心自在的校園生活。

然而，上了國中、高中，她的身高一路向上到 170 多公分。朋友們笑說：「妳該去打排球或籃球啊！」她只是勉強微笑，想起小學體育課上被同學針對，心裡便產生一絲抗拒，「高個子女生會成為球場上永遠的靶心，讓人忍不住想要挑戰、想要擊倒。」

更痛苦的是，她發現這種「變得高大」也影響了別人對她的想像。有些男生因為她的身高望而卻步，甚至直接問：「妳和我一起走在路上，不會覺得很奇怪嗎？」也曾有朋友玩笑似地說：「這麼高，走太近和妳很難講話～」聽起來像是開玩笑，可是背後卻是暗示她「不柔和」、「難以親近」。她不想引人注意，於是學會站在拍照隊伍的最後面，試圖降低自己的存在感。

試圖縮小，卻無法改變世界的目光

大學時期，欣妤交了一位男朋友。男友比她矮了 13 公分，起初他說：「我不介意妳的身高，喜歡妳就好。」可是交往後，每次出門，男友都會婉轉地提到：「妳可以穿平底鞋就好吧？」而她，也會很自然地答應。她很怕在身高上，顯得比男友更「突出」，讓所有路人目光都聚焦在兩人身高的差距上。

在職場上，她則面對另一種形式的「矮化」。初入新創公司時，身為業務助理的她，本以為工作積極、與客戶接洽的能力應該能讓老闆眼前一亮。然而，主管卻常私下跟她說：「咦？妳太高了，可能會給客戶壓力，先讓別人去談好了。」好幾次，她想證明自己能勝任，但彷彿她的身高比她的專業還要醒目，於是只能無奈退到後端支援。

從害怕成為焦點，到讓別人看見

直到有一天，公司籌辦了一次團隊籃球賽，需要找人組隊。有人對欣妤說：「妳這麼高，一定很會打籃球吧？」她本能地想推拒，不想再成為球場上的焦點。然而，連續好幾個同事都鼓勵她：「來嘛，我們需要有人搶籃板呀！」她才鼓起勇氣答應了。

當她重新走上球場，伸展久未好好活動的長腿，彷彿回到童年時

嬌小可愛 vs. 高大強勢？

社會心理學家愛麗絲・伊格利（Alice Eagly）提出「社會角色理論（social role theory）」，提到社會透過工作與教育，逐漸要求男性與女性呈現不同的表現。女性被要求溫柔、含蓄、嬌小可愛，當一個女生顯得過於「高大」時，便被貼上給人壓力、強勢、難以親近的標籤。從小六那年起，欣妤就像一株本能向上生長的樹，卻被社會的框架一步步綁住枝條，讓她認為自己本該乖乖縮小、收斂光芒。

更甚者，克勞德・斯蒂爾（Claude Steele）所提出的「刻板印象威脅（stereotype threat）」理論也能解釋欣妤的心境。當欣妤意識到社會對「高個子女生」的負面觀感，她就會不自覺地想躲避那些風險，甚至在面對人際互動或工作挑戰時，先行一步退縮。她並非真的認為自己無能，而是不想再被周圍的人投以不友善的目光。不知不覺間，她內化了這股「威脅」，讓恐懼主導了她面對身高的態度。

球場上的自己。但不同的是，這一次沒有人盯著她大喊「打那個高的！」也沒有人用眼神嘲弄她的身高。相反地，隊友期待她發揮身高的優勢，還開心地跟她擊掌，稱讚她的防守能力和投籃角度。她突然意識到，原來曾經令她害怕的球場，現在可以成為她「展現」的舞台。那一刻，她覺得自己長久以來壓抑的某種力量，開始復甦。

之後，她陸續參加公司內外的球賽，也跟同事更熟絡。久違的運動熱情讓她漸漸想起：當年小六時被瞄準的恐懼，其實是因為她沒有說出口、沒有讓老師或家長知道，也沒有想過自己的身高能成為「天生的強項」。於是，她決定不要再為了讓別人感到安全，而委屈了自己。從今天開始，她想要把握每一次活得閃亮的機會。

漸漸放下對身高的恐懼與自責的欣妤，開始大方站在會議桌前，努力提案；遇到朋友聚餐，也不再自動坐在角落。她學會接受別人疑惑或驚訝的目光，同時從容地享受自己擁有 177 公分的修長優勢。

　　有人問她：「妳穿高跟鞋時，真的不怕別人閒言閒語嗎？」她會笑著回答：「我不打算再為他人的眼光浪費力氣了。如果我想穿，我就穿。」她無須再為任何人的期待而矮化自己，也不必自責「是不是因為我太高，才導致別人不舒服」。她終於明白，真正能讓她活得更自在的，不是努力讓自己不顯眼，而是勇敢對自己喊話：「我不必再縮小。」

　　回首當年那個努力彎曲膝蓋、蜷縮肩膀，好讓自己「比較不突出」的小女孩，她感到心痛。她從來都沒錯，錯在這個世界把高個子女生貼上了奇怪的標籤。如今，她不僅能享受身高帶來的運動優勢，也在職場上站穩腳步，讓別人看見她能力的真正高度。

　　人生就像一場無聲的球賽，你可以選擇退縮、閃躲，也可以抬頭挺胸，勇敢把球接住，再奮力朝目標投出。欣妤用了好長一段時間才明白，穿上高跟鞋、站得筆直，可以是一種選擇——不再讓世界替她定義「存在」的方式。

　　當她換上高跟鞋再次走出家門，連空氣中都多了份自信。是啊，能夠昂首闊步地前進，比起一路彎腰地迴避，雖然多了些風險，卻也見到了整片廣闊的天空。欣妤想對過去的小女孩，以及所有曾經把自己縮小的人說：「我們有權利，讓身體舒展到最舒適的模樣。」

覺察你的「隱藏行為」

無論你是高是矮、是胖是瘦,這項練習幫助你正視自己因體型產生的不安全感,改變內在語言,培養自信,讓你自在地展現自己,而不必迎合別人的期待。

步驟一　正視你的「隱藏行為」

回想看看,你是否曾經為了讓自己「符合社會期待」,而刻意改變姿態或行為。寫下3個你曾經試圖「隱藏」自己身形的時刻,例如:

「我會刻意駝背、縮起肩膀,以減少存在感。」

「我會避免站在高個子朋友旁邊,怕自己顯得更嬌小。」

「我會在拍照時選擇站某個位置,以避免身高對比。」

步驟二　挺直站立練習

每天找一面鏡子,試著刻意保持良好站姿:

1. 雙腳穩定,讓自己感覺扎根於地面。
2. 肩膀放鬆,但不刻意內縮或聳肩。
3. 下巴微微抬起,展現自信。

請維持這個姿勢1分鐘，並對著鏡子微笑。觀察自己的感受，並試著讓這個姿態成爲你的新習慣。

步驟三　重新書寫你的優勢

你的身高（無論高或矮）是否也能帶來優勢？請寫下至少3項，例如：

「我的高個子讓我在人群中更有存在感。」

「我的嬌小讓我動作靈活，可以輕鬆進入各種場域。」

「我的身形讓我更容易與不同類型的人互動。」

步驟四　不再迴避自己的身高

接下來的一週內，嘗試做一件過去因爲身高而避開的事，例如：

1. 如果你是高個子，穿上高跟鞋，感受它帶來的自信與優雅。
2. 如果你是小個子，勇敢站在台前發言，展現你的影響力。
3. 不再選擇「躲」在拍照隊伍後方，而是站出來，讓自己被看見。

請記錄你的感受：當你不再刻意縮小或掩飾自己，你的內在有什麼變化？

「身體意象」是什麼？為什麼會影響我們的自信、表現、人際互動與情感關係？

有容貌焦慮的你，一定也有身體意象困擾

簡單來說，「身體意象」就是一個人對於自己的身體，好不好看、有沒有吸引力的想法、感受和知覺。然而，看見自己身體之後的想法、感受、知覺，彼此之間有著什麼樣的關係呢？

* 想法：我認為自己的容貌和身體看起來怎麼樣？我的身體會讓我產生什麼想法？會不會一看到自己的身體，我就想要批評它、改變它？

* 感受：我會不會因為自己的體重、胖瘦而覺得心情不好？會不會因為今天試穿某條褲子，發現大腿太粗、屁股太大，情緒因而受到影響呢？我是嫌惡或是喜歡自己的身體呢？

* 感知：英文是 perception，意思是當一個人透過眼睛、耳朵、鼻子、舌頭、皮膚去感覺外在世界的資訊，把資訊接收進來之後，怎麼去重新組織和理解這些資訊。在身體意象的範疇裡，比較常用到的感官是眼睛、耳朵和皮膚。感知是外在環境、感官和大腦思考互動的結果。有點像是一套程式的概念，電腦程式的編碼寫好了以後，就會照著這個程式來跑。

舉例來說，我和朋友在逛街，映入眼簾的是各種剪裁的牛仔褲。

此時，眼睛接收到的外在刺激可能是牛仔褲，我透過眼睛看見這件褲子的形狀，可能是上細、下粗的喇叭褲。耳朵可能聽見專櫃小姐正在介紹穿上這件褲子的視覺效果，「這件我也有買！穿起來視覺減 10 公斤喔！」

視覺減 10 公斤？我心動了！此時，我的滿腦子可能都在想著，穿上牛仔褲以後，會是多美好的場景。我很心動，所以試著想穿上這件牛仔褲！

接著開始試穿，我的皮膚會感知到，牛仔褲被我穿上時是太緊或太鬆？是不是只能穿到大腿？或是拉鍊只能拉到一半？用力一拉，我終於穿上了這件褲子，但是，卻沒辦法扣起褲頭。「悲劇。」我在心裡對自己說，接下來我的眼睛，會再接收到新資訊：「褲子穿不上」、「拉鍊卡住了」。耳朵會收到新的資訊，是我自己說出口的：「不好意思！我穿不下。」

容貌焦慮讓身體成為一場無聲的戰爭，最終羞愧贏得全局

試想一下，當你要大聲跟專櫃小姐講出「不好意思，我穿不下！」請她再拿一件更大的褲子給你時，會是一種怎麼樣的心情？許多人應該是漲紅了臉，連耳根都紅了。

對於「我穿不下」這個詞，大腦會做出兩個解讀。一個是，衣服太小了。一個是，我太胖了。兩者看起來只是一體的兩面，因為成年人的身高體重多半不像發展中的孩子一樣，有迅速的變化。因此，成年人傾向先想到「我太胖了」，而不會先想到「衣服太小了」。

接下來，對方如果回應你「不好意思！這件賣得太好了！我們只剩現場的尺寸。」喔！那糟糕了。你對自己的認知會多加上一個「原

來我的身材配不上我想要的那件褲子」。

當這些事情反覆出現個幾次，接下來的感知，可能就會出現一連串的失控。

這個感知，是透過牛仔褲直接給你的視覺、聽覺、觸覺體驗被做出來的。感知又會連動到我的感覺，此時，我可能出現的感覺是「因為穿不下這件褲子」所以我很沮喪、對自己生氣、感到失落、覺得被拒絕。會覺得很尷尬、很丟臉，想鑽個洞躲起來，學術一點來說，這是一種「羞愧感（shame）」。如果把羞愧感放大，就很容易覺得自己不夠好，沒有價值，覺得無助的同時，也會對自己感到生氣。

這個強烈的羞愧感，會被你寫進身體的程式之中。所以，在你的身體經驗裡，會多儲存一種感覺，叫做羞愧。

如果伴隨著褲子穿不下的經驗，你出現了「我要更瘦一點」的想法，想到要用縮小自己身體來符合褲子形狀的人，你的程式在羞愧情緒之外，又多寫入一個「我需要更瘦」的想法。

一旦產生想變瘦的想法，大部分的人就會開始嘗試一連串與減肥、減重、塑身有關的舉動。這一連串的知覺、想法、感受就這樣被連結起來，形成牢不可破的循環。

知覺、想法與感受的循環，在沒有覺察的時候，甚至會自動化地運作。

你可以想像，這個自動化的反應就像是一台機器一樣。羞愧感可能會先啟動，然後產生想要變瘦的思考。接下來，成為實際減肥的行動。你會對自己下指令，告訴自己我應該要想辦法變瘦。

在過程之中你嘗試了各種途徑，嘗試用節食、少吃東西、少喝飲

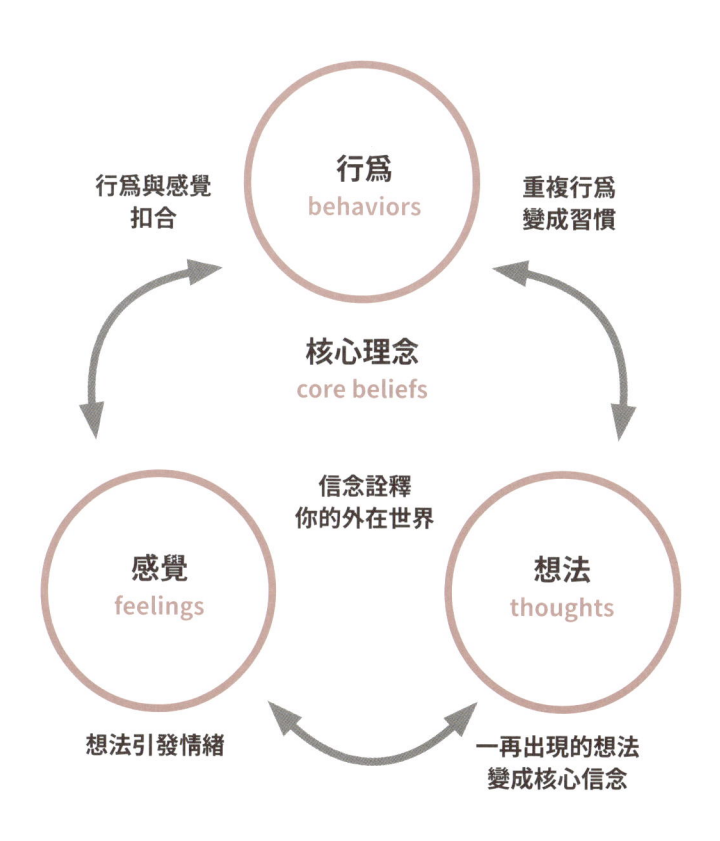

```
        行為
        behaviors
行為與感覺              重複行為
  扣合                變成習慣

        核心理念
        core beliefs

        信念詮釋
        你的外在世界
  感覺              想法
  feelings          thoughts

想法引發情緒        一再出現的想法
                  變成核心信念
```

> 你的信念就是你的濾鏡，會讓你尋找外在環境中與信念相符的事件作為印證！

料。有些人會在飲食控制之外，加上運動。搞不好，你還曾經放上貼了很多模特兒、洋裝、牛仔褲的願景板（vision board），想進一步激勵自己，持續變瘦。

過程之中你可能會採取不斷量體重，或不斷量身材的方式，來看看自己到底距離目標達成還有多遠的距離。每次的測量都可能是一種激勵，也可能是一種挫敗。

當你覺得自己的減重計畫好像進步了、體重往下掉了，你會覺得自己好像更有希望一些，更值得被愛了一些，更值得獎勵了一些，配得感更高了一些，羞愧感更少了一些。但如果，體重不爭氣，一直維持很久的時間都沒有變化，甚至是有一些些上升的時候，你的心裡面就會開始產生更多的自責。想找出自己體重增加或停滯的原因，想著：「那天不應該多吃一口薯條的！」

為這種事情耿耿於懷，心情壞上一整天，作為是自我懲罰。「晚上少吃一餐吧！」或是「再多跑個2公里吧！」想要用補償性的動作來抵銷你吃下去的那一口澱粉。

你照著鏡子，摸著自己的大腿肉，嘗試用你的手把大腿扒開讓中間出現一個縫隙，再放下來又看到原本雙腿的樣子。你的視覺接收到的訊息是鏡子裡面的樣子，但你的腦袋對它有一個解讀，「這是一個不完美的身體」，你的心情是挫敗、羞愧、自責。然後你做出了一個結論，這後續會成為你某一種信念。

「我怎麼連體重都控制不了？我還能控制些什麼？我真是一個失敗的人。」

```
社會訊息
如：穿上立刻瘦
10kg
   │
   ▼
┌─────────┐         ┌─────────┐         ┌─────────┐
│  情緒    │         │  想法    │    ▶   │  行為    │
│如：躍躍欲試、│         │如：我要變瘦變美！│         │如：運動、節食│
│  期待    │         │瘦就能得到我想要的！│         │忽略身體訊息│
└─────────┘         └─────────┘         └─────────┘
   │                     ▲                    │
   ▼                     │                    ▼
┌─────────┐         ┌─────────┐         ┌─────────┐
│  行為    │         │ 社會訊息  │         │ 感到滿意 │
│如：到專櫃試穿│         │如：瘦就是美、│         │ 並停止  │
│         │         │瘦就是健康、│         └─────────┘
│         │         │顏值即正義 │              │
└─────────┘         └─────────┘              ▼
   │                     ▲              ┌─────────┐
   ▼                     │              │ 放棄    │
┌─────────┐         ┌─────────┐         │ 並停止  │
│ 五官感知  │         │  想法    │         └─────────┘
│如：穿不下、│         │如：我想要的我都得不│         │
│太緊、扣不上│         │到、我討厭我的身體│         ▼
└─────────┘         └─────────┘         ┌─────────┐
   │                     ▲              │ 憂鬱    │
   ▼                     │              │ 焦慮    │
┌─────────┐         ┌─────────┐         │ 飲食疾患 │
│大腦解讀為 │         │ 社會訊息  │         └─────────┘
│  缺陷    │         │如：你不夠好│
│如：我太胖了│         │         │
└─────────┘         └─────────┘
   │                     ▲
   ▼                     │
┌─────────┐         ┌─────────┐
│外界的負面回饋│    ▶   │ 心情感受  │
│如：已經沒有更小│         │如：羞愧、丟臉│
│  的尺寸  │         │         │
└─────────┘         └─────────┘
```

重建與身體的關係，不再為自己的身體感到羞愧

這些想法、感受、知覺的經驗加總起來，就會累積成為我們和自己身體的關係，也就是我們前面提到過的身體意象。

如果一個人長期認為自己的容貌和體型不好看，和環境的互動中也得不到愉快的經驗，不喜歡自己的外貌和身材，那麼他所擁有的就是「負面的身體意象」。這些對於身體的自動化反應，是不是很常見呢？習慣批判自己的身體，討厭自己的身體，一想到身體就想改變它、束縛它。這樣的你不可能喜歡自己的身體，和自己的身體的關係一定不會好，也一定不會好好善待身體，善待自己。

這就是身體意象出現問題的警訊了。

長期被負面的外貌評價影響，內心便會形成一種羞愧的循環——我們將他人的話語內化，透過感知驗證自己的不完美，進而強化對自身的否定，最終形成與身體對立的關係。但身體不是敵人，而是我們的生命載體，只有當我們意識到這種羞愧的模式，才能開始打破它。

重建與身體的連結，並不意味著一夕之間學會「喜歡」它，而是開始學會「善待」它。當你發現自己習慣性地批評身體、隱藏身體、懲罰身體時，試著停下來，問問自己：「如果我不再帶著羞愧看待我的身體，我可以如何與它相處？」這是一段需要時間的旅程，但每一次溫柔的選擇，都是打破羞愧、修復身體意象的重要一步。

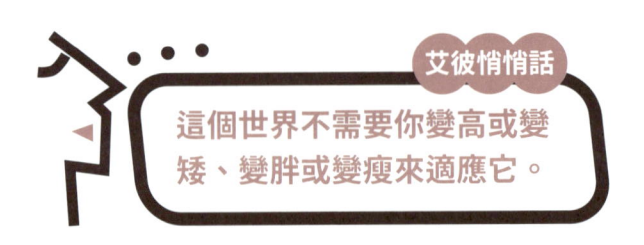

艾彼悄悄話

這個世界不需要你變高或變矮、變胖或變瘦來適應它。

Chapter

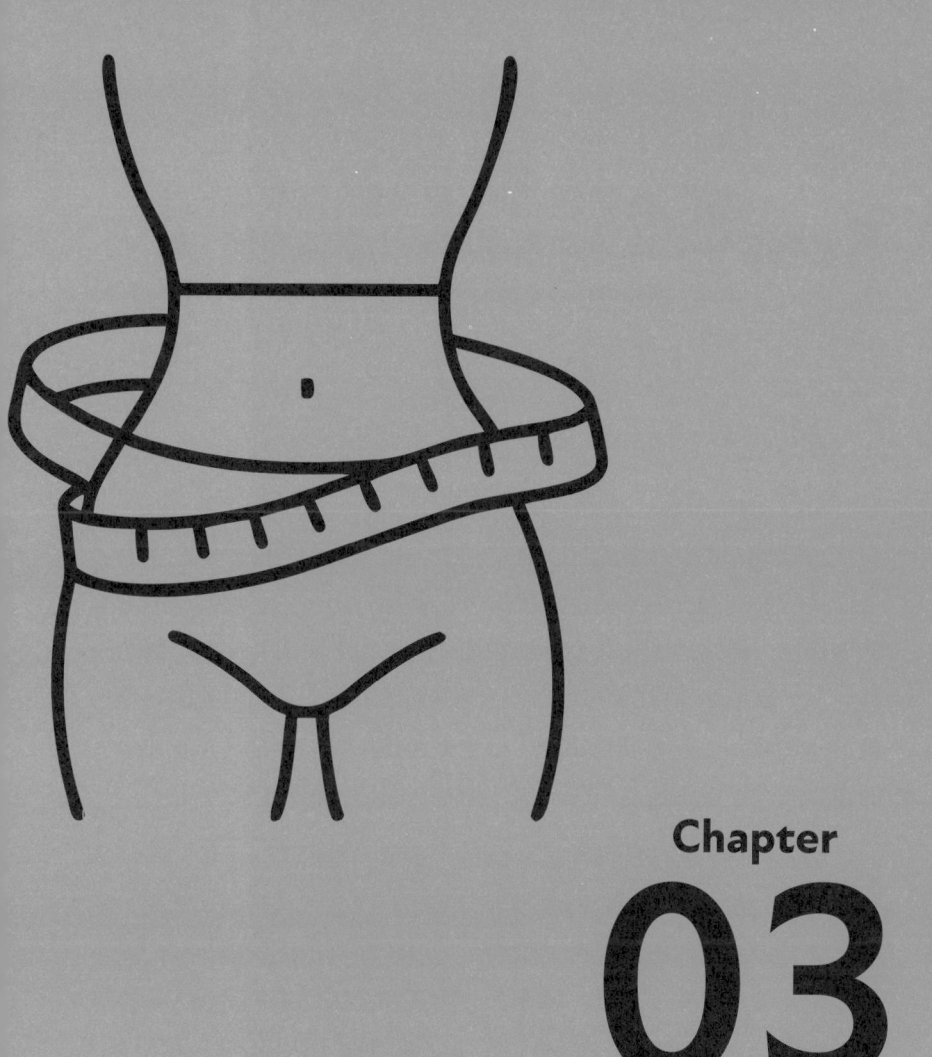

03

模特兒的身材焦慮：瘦的滋味，永遠比食物更棒！

＃模特兒 ＃完美體態 ＃飲食疾患

Story | 她會為了「完美體態」折磨自己，今日卻用健康魅力征服鏡頭

　　20歲的小薇從小就對時尚充滿熱愛。她喜歡翻閱時尚雜誌，看著身穿高級訂製服的模特兒在聚光燈下自信地行走，內心燃起了對未來的憧憬。「總有一天，我也要站在那樣的舞台上，成為一個閃耀的模特兒。」懷抱著這樣的夢想，小薇高中畢業後參加了模特兒訓練班，努力學習成為一名專職模特兒。她也把超模凱特‧摩斯（Kate Moss）的經典名言「Nothing tastes as good as skinny feels.」奉為圭臬。

　　初入行時，小薇的條件被認為是「標準的健康美」，她的身材高挑、曲線勻稱，曾參與過幾場小型時尚秀和商品代言拍攝。然而，隨著她開始爭取更高級的品牌的機會，才發現時尚產業對模特兒的要求遠比她想像的苛刻。一次，她參加一場國際品牌的選角試鏡，卻被評審嫌棄道：「妳的條件不夠纖細，穿我們的衣服不夠突出。」那一天，小薇的自信心崩塌了。

　　試鏡的失敗讓小薇深感挫折。之後幾次面試，她又陸續聽到：「妳的腰圍太寬了，不符合我們的形象。」等等的拒絕理由。她開始懷疑自己是否適合這個行業，甚至懷疑自己是否值得被喜愛。

為了符合模特兒的嚴苛標準，走向極端的代價

為了迎合這些「標準」，小薇開始採取極端的方式來改變自己的體型。她每天只吃極少的食物，用大量水分來減少飢餓感，並參加高強度的健身課程。短時間內，她的體重的確下降了，但也付出了沉重的代價——經期紊亂、頭暈乏力，甚至連皮膚都變得暗沉無光。在鏡子前，她不僅沒有看到滿意的結果，反而對自己的模樣越來越厭惡。她感覺像是被困在一個無止盡的循環裡，越努力追求「完美」，越對自己失望。

一次偶然的機會，小薇在一場品牌拍攝的候場時遇到了一位模特兒界的前輩珞盈。拍攝中場休息時，珞盈與小薇聊天，提到自己當年也面臨過類似的困境。「我當時為了符合品牌的要求，連續兩年處於半飢餓的狀態，」珞盈語重心長地說，「那兩年我真的過得很痛苦。我擁有了完美的身材，卻失去了自己的健康和快樂。」

珞盈告訴小薇，後來她結了婚，搬到國外，遠離了高壓的模特兒圈，才慢慢學會如何平衡健康與職業。她鼓勵小薇重新審視自己的價值：「美，不應該只是外界的評價，而是能否從內心找到真正的自信。」

拒當餓肚子的模特兒

受到珞盈的啟發，小薇開始試著用新的視角看待自己的職業挑戰。她不再以極端的方式對待自己的身體，而是專注於自己的內在成長和健康。她重新規劃飲食，改以均衡的營養搭配和適度運動來維持健康的體態，而不再一味追求「極瘦」。同時，她也尋找更多倡導多元審美的模特兒機會，例如運動品牌的平面拍攝，這些工作讓她的職業生涯不再被單一標準束縛。

自我決定論

從專業的角度來看，小薇所面臨的挑戰背後，反映了她擔任模特兒工作的動機。

一個人的行為動機可以分為內在動機和外在動機。內在動機來自對行為本身的熱愛與興趣，例如因為熱愛模特兒這個行業而感到滿足；而外在動機則來自外部的稱讚或酬賞，例如迎合品牌的標準以獲得更多機會。

小薇過於依賴外在動機——以極端的方式追求符合時尚圈的審美標準，而忽略了自己對健康和快樂的需求。根據自我決定理論，當外在動機壓倒內在動機時，個人的自主性會被削弱，最終可能導致倦怠和心理壓力的增加。

此外，自我決定理論（self-determination theory）強調三種基本需求：自主性、勝任感與關係連繫。自主性是指感受到自己行為的主控權，勝任感則是對自己的能力與成就感到滿意，關係性則是能與他人建立真誠的連繫。小薇的體態挑戰削弱了她的自主性與勝任感，她開始認為自己的價值僅由外部標準決定、別人是否給他工作都是因為身材是否纖細之故。逐漸不相信自己對模特兒工作的努力和熱情，能為自己帶來更多事業上的能見度。

幾個月後，小薇接到了一個國內知名運動品牌的邀請，希望她展現健康的美態。在拍攝現場，她第一次感覺到舒適與自在，發自內心地在鏡頭前開心地微笑起來。攝影師誇讚她：「妳的自信，比任何修飾都更迷人。」

如今的小薇依然在模特兒行業中努力著，但她對自己的看法已經

完全改變了。她不再將體態標準當作唯一的成功指標,而是開始探索自己的其他價值——無論是在行業內倡導健康審美,還是向年輕人分享自己的經歷,幫助他們擺脫對外表的過度依賴。

　　小薇的故事提醒我們,美不該由單一的標準來定義,而是來自每個人獨特的特質與內心的自信。無論在任何行業,我們的價值都不應僅僅依賴於外部的認可,而是源於內心的接納與熱情。當我們開始擁抱多元化的美,我們不僅能更自由地展現自己,也能啟發更多人看見不一樣的可能。

PRACTICE

美感日記

社會標準常讓我們習慣性地挑剔自己的外貌，忽視了真正的美來自於整體的特質、氣質和個人風格。本練習透過每日記錄，幫助你培養對自身和生活中的美感覺察，減少對外貌的過度苛求，並建立更正向的審美觀。

步驟一　每日記錄三件美好的事物

每天花5分鐘，寫下三件讓你感到美好的事，至少一件是與自己相關。將它變成「關於自己的美感發現」：

1. 「今天微笑的時候，我發現自己的眼睛很有神。」
2. 「我喜歡今天的穿搭，讓我感覺自在且有自信。」
3. 「朋友說我的聲音很好聽，讓我意識到自己的聲音也是一種魅力。」

美不只是外貌，而是一種整體感受，你可以透過視覺、觸覺、嗅覺、聽覺去發掘美感，更全面地感受世界的多元美麗。試試看寫下生活中的美感發現：

1. 「今天的夕陽特別漂亮，讓我感受到放鬆與平靜。」
2. 「路過公園時，看到花開得很燦爛，讓我覺得世界充滿美好。」

3.「咖啡店的香氣和溫暖的燈光讓人感到舒適,這樣的小確幸讓我感受到生活的美。」

步驟二　重讀記錄,調整對美的定義

每週找一天,回顧過去幾天的美感日記,思考「我是否發現自己其實比想像中更美?」、「過去容易忽略的優點,是否因這個練習而開始被發掘?」、「除了外貌,還有多少來自個性、表情、氣質、動作的美?」比如:

1.「我發現自己並不只是『五官』的組合,而是整體的神韻與氣質決定了我的美。」
2.「我的微笑讓人感覺溫暖,而不是因為嘴巴大小或牙齒整齊度。」
3.「穿自己喜歡的衣服比迎合流行更讓我有自信,我的風格也是我的美。」

Theory 除了「身體意象」，你還需要認識這些詞彙

若想更深入了解「容貌焦慮」，這裡必須先說明幾個與身體意象相關的專有名詞和疾病。除了前面提到的「身體意象」（body image），還有像是「身體不滿意感」（body dissatisfaction）、「身體重要性」（body importance），以及「身體臆形症」（Body Dysmorphic Disorder, BDD）等。這些詞乍看之下可能有點陌生，但它們在接下來的章節會不斷出現，也是許多研究探討的重點。

身體不滿意感

身體不滿意感是一種主觀感受，意思是個人對自己身體的外貌、型態或功能，表現出不滿或是負面評價的心理狀態。

這種不滿可能源自於個體對身體某些特定的部位，如臉部、體重、身高、膚色等等應該如何的執著。或是，對於自己整體外在形象的否定。身體意象不滿意感，是用來衡量一個人的身體意象很重要的指標，因為身體意象在研究中只能夠被粗略的分成正面與負面兩大概念，但身體不滿意感，則可以用分數來呈現，更具體地看出一個人對於身體意象到底有多負面、多不滿意。有較高的身體不滿意感，會有較負面的身體意象，也會有較差的生活適應與身心健康。

身體重要性

身體重要性是一個心理學的概念，指的是一個人認為自己身體的

外貌、型態或功能，在自我認同、自尊之中占有多少比重的影響。身體重要性，反應了個人將多少的自我價值賦加在自己的身體、外貌上頭，以及這種價值觀如何影響他的行為、情緒和決策。

一個人如果對身體、外貌賦予了過高的重要性，可能會產生負面的身體意象。行為上可能會過度關注身體外貌、將身體當作自我價值的主要來源，導致焦慮壓力或是心理困擾。而如果，個人認為身體、外貌一點都不重要，也很可能會對於身體產生忽視，想要刻意忽略身體健康或是外貌的影響。這樣的行為，也會讓個體疏於自我的照顧，並漠視身體的需求。比較健康的表現，應該是個人會在意自己的身體健康或外貌，但並不會讓外貌、身體樣態過度影響自尊與幸福感。

身體臆形症

身體臆形症是一種心理健康障礙。個體會對於自己外貌的某些細節非常關注，這個細節可能是個人想像存在或是真實存在的缺陷，但對他人而言卻非常微小。個人會過度關注這些身體、外表的缺陷，並且產生焦慮、不安，或是羞恥感。身體臆形症，通常伴隨著重複的行為，例如照鏡子、隱藏外貌特徵，或尋求外科手術卻不滿意等來呈現。會對個人產生心理上的困擾，影響生活功能跟社交。

身體臆形症與強迫症有顯著的關聯，因為這兩種疾病都涉及強迫思考和行為。在身體臆形症中，強迫性的思維主要聚焦於對自身外貌的認知缺陷，這些缺陷通常微不足道甚至不存在，但卻引發患者極大的痛苦。這些強迫性的思維進一步導致一系列強迫行為，例如反覆照鏡子、過度修飾，或持續尋求對外貌的肯定，這與後面將要介紹的「強迫症」非常相似。

強迫症（Obsessive-Compulsive Disorder, OCD）

強迫症是一種精神健康狀況，其特徵是持續且令人困擾的想法（強迫思考，obsessions）以及為減輕這些想法引起的焦慮而進行的重複行為或心理行為（強迫行為，compulsions）。強迫症的一個核心特徵是患者即使意識到這些想法或行為過於極端或不合理，仍難以控制。

強迫症和身體臆形症之間的關聯還反映在它們共同的內在機制上，包括認知扭曲、對完美有高度的執著，以及強迫思考與行為的循環模式。此外，這兩種障礙在《精神疾病診斷與統計手冊》都屬於同一種分類，進一步強調了它們之間的密切關係。然而，兩者的主要區別在於強迫性思考的內容範疇：強迫症涉及更廣泛的主題，而身體臆形症則專注於外貌相關的問題。

飲食疾患（Eating Disorder）

這是一系列和飲食行為失調有關的心理健康問題，飲食疾患的特徵包括極端的飲食限制、暴飲暴食，以及為了避免體重增加而採取的補償行動，如：過度運動、催吐或使用瀉藥。常見的飲食疾患包括神經性厭食症（Anorexia Nervosa）、神經性暴食症（Bulimia Nervosa）。這些疾患通常會過度關注體重、身形和外貌。

身體臆形症與飲食疾患之間有密切的關聯。身體臆形症患者往往會誇大或扭曲地感知自身的外貌缺陷，並因此感到深深的痛苦。這種對外貌的病態關注可能與飲食疾患中的體重和身形過度關注相互重疊。例如，患者可能特別專注於某一身體部位，如：腹部或大腿，而對某些特定的身體部位的關注，也常常與飲食疾患患者相同。

身體臆形症和飲食疾患在行為表現上也可能相似。兩者的患者都

可能進行極端的外貌修飾行為，如：過度運動或限制飲食，以試圖緩解對身體不滿的焦慮感。研究表示，身體臆形症和飲食疾患的共病率較高，特別是在神經性厭食症患者中，身體臆形症的發生率顯著高於一般人群。這種共病可能源於它們有共同的心理機制，包括扭曲的自我形象、對身形的過度追求，以及對社會審美標準的高度敏感等。

在身體意象的討論中，身體不滿意感、身體重要性、自尊，以及身體臆形症和強迫症與飲食疾患，這些概念之間的關聯，不僅揭示了個體如何看待自己的外貌，也反映了身體意象對我們心理健康的深遠影響。這些心理議題看似彼此分立，卻在共同的機制下交織成一個複雜的網絡，例如對特定身體形象的執著、認知扭曲以及對外界認同的高度依賴等等，都可能讓個體在各方面產生適應不良的感受。

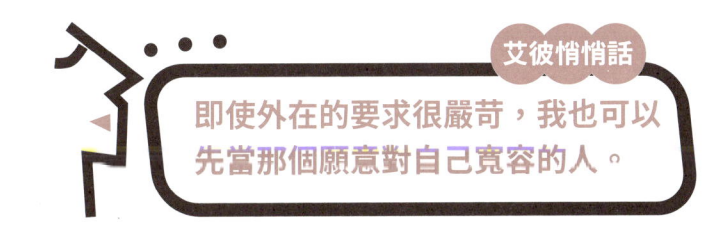

艾彼悄悄話

即使外在的要求很嚴苛，我也可以先當那個願意對自己寬容的人。

Chapter 04

凍齡、抗老,不如選擇解凍「老」的偏見!

#醫美 #抗老 #凍齡 #中年危機

Story　她花了百萬元抗老，卻在這一刻意識到「真正的青春」是什麼

39 歲的瑞心，事業有成，家庭幸福，看似擁有一切，但她的內心卻時常為臉上的皺紋而焦慮不安。每當她站在鏡子前，目光總是不自覺地停留在眼角的細紋和額頭的紋路上……

高畫質電視帶來的焦慮

更令她焦慮的是，每天晚飯後，當她坐在家中那台 65 吋的超高畫質電視前，隨著女明星們的臉龐被放大，她開始感到強烈的不安。即使是螢幕上的名人，也無法逃脫鏡頭的檢視，肌膚上的瑕疵清晰可見。這樣的細節，提醒著她一個殘酷的事實——明星再完美，也逃不過歲月。

然而，這樣的觀察並未讓她感到慰藉，反而讓她對自己的外貌更加不滿。「如果連明星都如此，更何況是我？」她開始尋找各種回春的方法，希望透過外在的改變，找回她認為早已失去的青春。

隨著科技進步，我們的生活方式正在悄然改變。高畫質螢幕的普及讓畫面解析度更加細膩，甚至能捕捉到肉眼無法察覺的肌膚細節。從娛樂節目到電影，女明星們的臉龐不再是完美無瑕，螢幕上不時出現的小皺紋、小斑點，都在提醒著觀眾：沒有人能逃過歲月的痕跡。

你也在和女明星較勁嗎?

但這樣的細節並未降低我們對外貌的高標準要求。相反,高畫質技術讓人們對自身的外貌更為苛求。瑞心便是這股風潮的受害者之一。當她盯著螢幕,看到那些女明星依然散發光芒時,她不禁對自己的皺紋感到羞愧,甚至開始懷疑:「我是不是老得比她們更快?」這種心理被稱為老化焦慮(aging anxiety),指的是隨著年齡增長,個體對外貌的改變感到焦慮,並對自己的吸引力產生懷疑。

高畫質技術像一面放大的鏡子,讓我們無所遁形。對許多人而言,這種「看見」不僅沒有帶來接納,反而加劇了外貌焦慮,讓她們更渴望尋求外在的改變。

但問題在於,39 歲真的算老嗎?從生理學角度來看,現代女性的壽命延長,身體的老化過程也被推遲。然而,社會審美標準卻讓許多女性過早感到「失去吸引力」,認為自己已經到了必須「修補」的年紀。這種認知往往並非基於真實的生理狀態,而是來自社會比較與媒體影響。

修補容貌,也在修補中年危機

瑞心的焦慮,其實與中年女性的普遍心理現象密切相關。心理學中的中年危機(Midlife Crisis)指出,個體在面對年齡增長與角色轉變時,往往會產生不安與焦慮。瑞心的焦慮,可能被轉移到了外貌上,讓她不斷尋求改善外貌老化的方式。瑞心對外貌的焦慮,不僅是個體問題,更是社會現象的一部分。每個人都渴望實現自己的潛力與價值,但當外界的標準過於單一時,女性往往將外貌與自我價值緊密關聯著,試圖透過改變外貌來實現內在的安全感。

越來越多年輕女性加入微整型的行列

根據美國整形外科醫學會（American Society of Plastic Surgeons, ASPS）2023年的醫美整形數據，越來越多19歲以下的年輕人，開始接觸各種美容手術和微整形療程。雖然在傳統的隆乳和抽脂手術中，青少年只佔約1%，但和2022年相比仍明顯增加，像是隆乳手術就成長了11%。

有些原本冷門的手術則呈現驚人的增幅，比如顴骨植入暴增了30,300%，下巴整形增加了102%，眼皮手術也成長了206%。可以看出年輕人對於改善臉部輪廓的需求正在快速上升。另外像是耳朵整形，19歲以下就佔了整體的35%，幾乎成為青少年族群的主流選擇。

從整體件數來看，2023年19歲以下進行整形手術的件數是23,087件，比2022年稍微下降了2%；但在微整形的部分，像是打肉毒、玻尿酸填充、雷射除毛或光療等，總件數達到260,851件，比前一年成長了7%，加總起來已經超過28萬件。這表示年輕人現在更傾向選擇恢復期短、風險較低的微整形療程。

總的來說，雖然年輕人在整體醫美市場中佔比不算特別高，但成長速度非常快，尤其是在臉部相關的項目上。顯示未來醫美市場的發展重點，很可能會越來越年輕化。

另一個不可忽視的心理挑戰是社會對女性的社會角色期待，隨著年齡增長，女性的角色從青春少女轉變為職場中堅、家庭支柱，但這些女性，卻仍然被社會期待需維持年輕與美麗的外表。這種內外壓力的矛盾，讓許多女性陷入了心理上的掙扎。

瑞心積極投入醫美，花費將近百萬元，嘗試了各種臉部回春療程。每次站在鏡子前，看到臉上的細紋被撫平，肌膚再次緊緻光滑，她都感到滿足與欣慰。但同時，一種隱隱的不安也悄悄升起。

　　這些改變，雖然讓她在外表上保持年輕，但也帶來了經濟的壓力。每當信用卡帳單寄來，她都會迅速把帳單藏好，避免家人看到那一連串高額的支出項目。慢慢地，這些壓力越來越藏不住。她每個月的收入不再有餘裕、小孩的補習費遲遲未繳清、家裡的假期旅行一再推遲，就連老公曾提議換新車的計畫，也因為「時機不對」被她含糊帶過。

重要他人的支持讓她找回自信

　　直到有一天傍晚，瑞心剛從美容診所回家，還沉浸在最新療程帶來的光滑肌膚感覺中，卻發現餐桌上擺著一封她早上出門前沒來得及藏起的信用卡帳單，信封已經被拆開。老公正在廚房洗碗，她頓時心跳加速。

　　「這些是你最近做的醫美嗎？」他舉起帳單，語氣平靜，臉上沒有責怪的神情。

　　瑞心點點頭，她知道瞞不住了。「是啊，我只是想讓自己看起來更好一點⋯⋯畢竟，我快 40 歲了。」

　　她原以為丈夫會責怪她花費太高影響家中經濟。但丈夫輕輕放下帳單，坐到她對面，語氣溫柔地說：「我知道你在意自己的外貌，一直想要維持年輕。但你在我眼裡，你的美，從來不只是皮膚有多光滑，臉上有沒有皺紋。」

　　瑞心愣了一下，她低下頭，輕聲說：「可是，我看著鏡子裡的自己，覺得那些皺紋讓我變得不夠好了⋯⋯。」

丈夫握住她的手說：「我們的生活有多少美好時刻，是因為你的笑容、你的陪伴、你的努力？你是我們家的中心，這些才是你真正的魅力所在。不是昂貴的醫美所能帶來的。」他停頓了一下，補充道：「更重要的是，我不希望看到你因此感到壓力，或者犧牲其他更重要的事情。」

丈夫的話讓瑞心的心情產生了微妙的轉變。她開始反思：為什麼自己會如此執著於抗拒歲月？這一年來，她的確看起來更年輕了，但內心的焦慮卻從未真正消失。她追求的，真的是青春的外表，還是對自我價值的肯定？

歲月留下的印記讓妳獨特

於是，她開始減少醫美的次數，將更多時間投入到家庭與自己真正熱愛的事物中。她開始參加藝術課程，探索自己曾經放下的興趣；與孩子一起規劃週末活動，重新感受到家庭帶來的溫暖。

幾個月後的一個早晨，瑞心再度站在鏡子前，目光停留在眼角的細紋上，但這次，她的心情不再焦慮，而是感到一種前所未有的平靜。她輕輕地對自己說：「這些皺紋，是我人生的故事，是陪伴我的時光痕跡。這正是它們的美。」

瑞心的故事，提醒了我們：「外貌的改變或許能帶來短暫的滿足，但真正能支撐我們的，是內心對自我價值的認可。當我們學會接受生命的每一個階段，皺紋便不再是敵人，而是歲月贈予的獨特印記。」

PRACTICE

寫一封給自己的接納信

當我們面對外貌焦慮時,往往對自己過於苛責,卻總是能輕易地寬慰他人。這項練習透過觀察他人→換位思考→寫一封鼓勵信給自己,讓你學會以更溫柔、包容的角度對待自己。當你能夠對朋友說:「你的價值不來自於外貌」,你也值得對自己這麼說。

步驟一　思考外貌是否真的影響一個人的價值?

請先回想你身邊的一位親密朋友或家人,他可能曾經表達過對外貌的不安,或者你知道他對自己的外貌不夠有自信。問自己以下問題,並寫下答案:

這位朋友有什麼令人欣賞的特質?(例如:幽默、善良、可靠、有創造力)

他的外貌是否影響了這些特質的展現?

你是否因為他的外貌而減少對他的喜愛或尊重?

範例:

「我的朋友珺恩總說自己身材不夠標準,但她的幽默和溫暖讓人感到自在,她的價值遠遠超過外貌。」

「我爸有許多白頭髮,但我從沒覺得這影響他的智慧與魅力。」

步驟二　換位思考，如果你的朋友有同樣的困擾，你會怎麼安慰他？

現在，請想像你的朋友對你說：「我覺得自己變老了，皺紋變多，越來越不好看了。」寫下你會如何安慰他，例如：

「歲月帶來的改變不該被視為缺點，而是經歷的象徵。」

「你的外貌並不影響你的價值，你的智慧、溫暖與經驗才是最吸引人的地方。」

「沒有人能永遠年輕，但我們可以選擇用最舒服的方式迎接不同的年齡階段。」

步驟三　寫一封接納信給自己

請寫一封信給自己，就像你在鼓勵你的朋友一樣。信的內容可以包含：

對自己說的肯定語句：「我值得被愛，不論我幾歲、長什麼樣子。」

對過去焦慮的理解：「我知道自己曾經對外貌感到過焦慮，但我願意學習以更溫柔的方式看待自己。」

對未來的承諾：「我選擇用自信迎接我的每一個年齡，而不是恐懼它。」

提醒自己，當你感到不安時，重新讀這封信，並把這些話當作對自己的鼓勵。

Theory | 我們活在一個樂於擁抱負面身體意象的社會，渾然不覺有什麼問題

變美變瘦，你就會喜歡自己？

常常有人問我，為什麼我們要關注身體意象？這會對人帶來什麼重要的影響嗎？

「不喜歡自己的身體」，聽起來不是反而會督促一個人去努力變美、變瘦，變成自己喜歡的樣子嗎？負面的身體意象，好像是一個改變的動力。這樣一想，我們不是應該樂於去擁抱負面的身體意象，並轉化成改變的動力嗎？

其實這樣的信念有一個很大的盲點。

這個信念背後的假設是：「只要變美變瘦，人就會喜歡自己。」

然而事實是，有人客觀上又美又瘦，但就是不喜歡自己。幾乎所有和身體意象有關的研究都指出，身體意象指的是個人對自身外貌的主觀感知滿意與否，和外貌是否符合主流審美標準並無絕對關聯。意思是，一個人的外貌可以很普通，但卻非常喜歡自己，他們根本就不在意你嘲笑他「普信（條件普通卻充滿自信）」。相反地，也有可能一個人長得跟電影明星一樣，卻非常厭惡自己的長相和身材。

「容貌焦慮」等於「追求完美」嗎？

研究者非常好奇，到底身體臆形症的患者和強迫症患者以及一般人相較，他們對於美的評價是不是更加嚴格？而且，身體臆形症患者到底是對自己的外貌標準比較高，還是說，他們對於其他人也有類似的嚴格標準？而身體臆形症患者，對於身體的執著、與對完美身形的追求，是不是和強迫症患者追求完美的行動一樣，可以被歸類在同樣的類別呢？

經過實驗，研究者發現了以下的差別：

一般人、強迫症患者、身體臆形症患者對他人 vs. 自己外貌的評分：

	一般人	強迫症患者	身體臆形症患者
明星的照片	○	○	○
普通人的照片	△	△	△
自己的照片	△	○	✕

○高於普通　△普通　✕低於普通

這說明，身體臆形症患者和強迫症患者在追求外表的這件事上，有不同的傾向。身體臆形症患者對於自身身體的關注，明顯大於強迫症患者。也許對於強迫症患者而言，他們謹慎而律己、追求完美的行動，已經變成他們的自我認同，且可以被他們類推到外表上，讓他們對於自己的外貌有更高的評價。但是，對於身體臆形症患者而言，他們努力追求改善外貌的同時，卻無法將好的經驗類比到自己的身體上，而是持續專注在自己不夠好的小瑕疵。

經過不同的研究發現，身體臆形症患者對於他人面孔的評估和其他人相似，並不會對於「美」有更嚴苛的標準。但是，他們對於自己

臉孔吸引力的評價卻較為嚴苛，他們在觀看自己面部圖像的時候，會比在面對陌生面孔時表現出更高的焦慮。

受到明星刺激，「好還要更好」的價值觀

在歐美曾經公開承認過討厭自己長相的，甚至承認自己有身體臆形症的明星有羅伯・派汀森（Robert Pattinson）、莉莉・萊茵哈特（Lili Reinhart）、怪奇比莉（Billie Eilish）、時尚創作女星 Lady Gaga，他們都是在鏡頭前被公認為俊男美女的巨星，卻仍會為自己的身體感到困擾。討厭看到自己的樣子，覺得自己不夠好，不敢開燈化妝、不敢上健身房，曾經一週只吃馬鈴薯度日。過去，在台灣曾經透露過自己有身體意象焦慮的藝人包括歌手閻奕格、演員許瑋甯、主持人小 S 與藝人歐陽娜娜。他們都是外界認為非常好看的明星，也在螢光幕上擁有很好的作品呈現，卻仍然會因為外貌而感覺焦慮和不滿。

在前述這些明星身上，一般人預設的信念，完全無法套用。認為「一個人只要又美又瘦，就可以喜歡自己」，顯然是會為自己帶來困擾的假設。

回想起來，是不是有很多時候，當我們看到這些藝人都已經這麼美了，卻仍然會為自己的外表感覺不滿、努力追求「更」美時，也會激起我們內心想要模仿、認同的感受。並且，認為這樣才是「上進」；認為我們不應該以現狀為滿足，永遠要追求更好；認為人應該對自己嚴苛，才配得擁有美麗的外型和吸引力。

也可能會認為自己應該要向這些藝人們看齊，一刻都不能夠鬆懈。但我們從來沒有想過，外貌的吸引力與自我價值，原來未必非要畫上等號。我們只是一直假設，若不滿意自己的身體、外貌，就應該要採取各種改變外貌的方法，來改善外貌、管理外貌，進而獲得自我提升、

自我價值感，以及在人群中的吸引力。

這種假設之下，彷彿我們越不喜歡自己的身體、越不滿足外貌的現狀，我們就越能夠進步，也越能夠擁有進步之後的幸福人生。

不知道你有沒有發現，我們生活在一個習慣將負面身體意象合理化的社會？這種觀念的背後，隱藏著深層的心理問題。

焦慮並非外在的問題，而是內心的糾結

根據資料顯示，身體臆形症在一般人群中的盛行率約為 2%，但在尋求整形手術的人群中，身體臆形症的比率卻高達 15.6%。然而身體臆形症在臨床實踐中很難被識別，這些患者通常被診斷為憂鬱症。這導致身體臆形症患者的數量被低估，當然也進一步低估了身體臆形症患者的自殺風險。身體臆形症患者企圖自殺的盛行率約為 7.2%，而在一般人群中，企圖自殺的盛行率為 2.7%，焦慮症患者為 3.4%。

其實你早就知道，變美變瘦不等於自我接納，身體意象的核心在於主觀感知，而非外貌是否符合主流標準。即使擁有理想外貌的人，仍可能深陷自我厭惡的漩渦，這顯示了焦慮並非外在的問題，而是內心的糾結。負面的身體意象對心理健康有極大傷害，並可能影響整個家庭，讓下一代也背負外貌壓力。自我接納才是解決身體意象焦慮的關鍵，從理解到改變的過程，必須超越外貌的表象，重建內心的真正需求與價值觀。

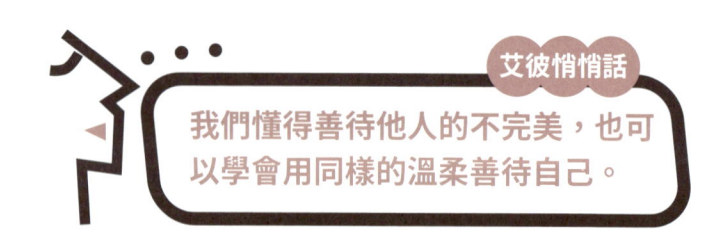

艾彼悄悄話
我們懂得善待他人的不完美，也可以學會用同樣的溫柔善待自己。

PART 02

暴食症、厭食症、
過度運動，
都與容貌焦慮有關

Chapter 05

男性也有外貌焦慮，
只是沒人教他們說出來

#男性外貌的雙重標準 #花美男 #肌肉男

Story 「髮際線後退,我的人生也要後退?」他用這個方法找回自信!

35 歲的 John 是一名生物科技公司的研究員,整日穿梭於實驗室和學術會議之間。他熱愛自己的工作,對分子生物學充滿熱忱。然而,工作上的高成就感,並不代表他的生活就毫無煩惱——他的髮際線正逐年後退,讓他陷入了深深的外貌焦慮。

事實上,John 早已知道這是「宿命」:他的父親、叔叔,甚至年長他 3 歲的哥哥,30 歲後都遭遇了同樣的問題。家人常開玩笑說:「頭髮可是我們家的稀缺資源,你好好珍惜吧!」當時他沒有把這些話放在心上,但當髮際線真正退到無法忽視的位置時,John 內心的不安逐漸放大,掉髮的陰影從遺傳宿命變成自我懷疑。

John 原本在人際互動上就缺乏信心,尤其在異性交往方面。過去他總覺得自己的外貌缺乏吸引力,掉髮之後,這種自我評價更是每況愈下。他漸漸認為自己在交友市場上的「分數」不斷下滑,也開始懷疑自己是否真的有魅力去贏得別人的欣賞。

事業上的成就自信竟被髮際線打敗

在一次部門聚餐上,幾杯啤酒下肚後,同事們的玩笑尺度越來越大。其中一位同事拍了拍 John 的肩膀,笑著說:「John 啊,你不是做生物科技的嗎?怎麼不研發一款生髮產品,先拯救一下自己啊!」

這句話引來了哄堂大笑，甚至還有人補充說：「如果成功了，你可以成為公司的形象代言人呢！從禿頭到濃髮的奇蹟！」John 強擠出一個笑容，但內心卻像被針扎了一下。他知道這些話只是玩笑，但卻無形中加深了他對自己外貌的焦慮。

> 這種經驗可以用汙名化（Stigma）來解釋。同事們的玩笑替 John 貼上了男性最害怕的「禿頭」標籤，並將掉髮與他的專業能力連結在一起。儘管他深知掉髮和能力並無關聯，但這種標籤化的行為，讓他開始不由自主地內化這些負面評價，進一步削弱了他的自信心。

某個週末，John 在整理書櫃時，意外翻出了一本舊相冊。其中一張 18 歲的照片吸引了他的注意：照片中的他穿著運動服，滿頭濃密的黑髮，笑容充滿自信，眼神中帶著對未來的期待。

看著照片，John 不禁想起了那段無憂無慮的日子。他自言自語：「那時候的我，是不是更有魅力？」隨後又苦笑了一下，「還不是一樣單身；當時覺得髮型重要，現在也是。」這張照片似乎打開了他的記憶閘門，他開始回想當年的自信，試圖找回那份對自己的信任。

帶著照片，John 來到了心理諮商室。John 將照片拿出來，放在桌上。他有些遲疑地說：「這是我大學時候的樣子，那時候的我看起來有自信又有精神。但現在……」他指了指自己的頭髮，語氣低落，「我感覺自己變得沒那麼有吸引力了。」

心理師微笑著點了點頭，問道：「你覺得大學時期的自信，是來自於頭髮嗎？」

John 愣了一下，搖搖頭：「當然不是。那時候更多的是因為成績

好,有目標,還有朋友的支持。」他停頓了一下,又說:「但現在⋯⋯掉髮讓我覺得自己變得沒那麼有魅力了。」

外貌與能力,不能畫上等號

心理師接著問:「那麼,你覺得現在的你,比那時候多了哪些東西?」

這個問題讓 John 沉思了片刻。他回答道:「我有更多的專業知識,工作的經驗,還有對事情的判斷力。我知道該如何面對壓力,也比那時候更能承擔責任⋯⋯但頭髮少了,總覺得形象減分。」

心理師溫和地說:「看來,你對自己的外貌和能力之間,建立了一個不必要的連結。你的頭髮確實變少了,但你剛剛提到的這些成長,難道不是比髮型更能展現你的價值嗎?」

John 沉默了,隨即點了點頭:「是的,我確實把有沒有頭髮看得很重。」

心理師接著跟他解釋,當我們的外貌特徵改變時,特別是那些與性別形象或社會期待密切相關的特徵,比如頭髮,可能會感覺到自我價值受到威脅。但其實,我們可以去反思,這些威脅感的來源可能是什麼?其實很有可能是我們汲取了社會的價值觀後,對自己施加的壓力。「掉髮只是改變了你的外貌,但並未改變你內在的價值。」

這些話讓 John 陷入了深思。他開始意識到,自己對掉髮的焦慮,更多是因為將外貌與自我價值過度綁定,而忽視了內在真正的力量。那麼,他更在意的內在價值是什麼呢?他應該更看重並且放大這些內在價值才對啊!

幾天後,John 做了一個大膽的決定。他走進理髮店,告訴理髮師:

「把我的頭髮剃光吧。」理髮師愣了一下說：「你確定嗎？」John 點了點頭，笑著說：「確定，我想試試看新的樣子。」

做一個不被外貌束縛的人

剃光頭髮後，John 站在鏡子前，仔細看著自己的新形象。他意外地發現，這樣的造型讓他看起來更有精神，也更加乾脆俐落。當他第一次走進實驗室時，同事們的反應出乎他的意料：「John，這新造型不錯啊，看起來很瀟灑！」

這些讚美讓他感到一陣輕鬆。他意識到，日益稀疏的頭髮，雖然讓他有自我價值喪失的感受。但是，主動採取行動，反而讓他找回了掌控自己外貌的能力。

John 的故事告訴我們，我們常常高估外貌對自己的重要性，忽視了內在的力量與魅力。真正的自信，來自於接納自己所擁有的，並相信自己的價值超越外在形象。John 透過改變心態，重新找回對生活的熱愛與主動權，成為一個不被外貌束縛的人。而他把頭髮都剃光的行動，當然是一個內在力量的明確展示。

或許，我們每個人都能從他的故事中獲得啟發：接納生命中的限制，並相信，真正的魅力來自於積極行動的自己。John 將那張舊照片重新放回相冊時，心情已不再像第一次看到時那麼複雜。他輕聲說了一句：「謝謝你，過去的我。」那張照片記錄了他曾經的模樣，也成為了幫助他接受自己的起點。

PRACTICE

外貌焦慮的心理鍛鍊

重新審視外貌與自我價值的關聯,學會用更健康的方式看待自身形象,並強化內在認同感。

步驟一　拆解外貌焦慮的來源

1. 回顧經歷：

寫下讓你對外貌產生焦慮的幾個時刻,例如:某人對你外貌的評論(如「你的髮際線好像退後了?」)。你在社交場合中因外貌而感到不自在的時刻。你對鏡子裡的自己感到不滿的具體時刻。

2. 標記影響層面：

這些評論或經歷如何影響你的自信心?你是否因此改變了某些行為,如:避免自拍、不願與人對視、過度關注頭髮狀態?

步驟二　語言重構與心態轉換

轉換評論語句,將你寫下的負面評論改寫成不帶評價或具備正向意義的句子,例如:

✗「你的頭髮變少了。」→ ✓「我的新造型讓人耳目一新,看起來更有型!」

✗「你老了。」→ ✓「我的經驗與智慧讓人覺得我很有魅力。」

✗「你好像胖了喔!」→ ✓「我最近的生活重心在別的地方。」

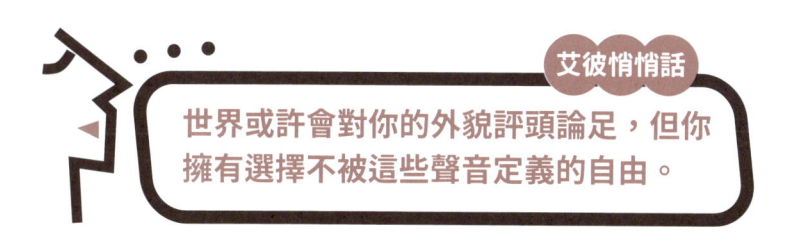

> **艾彼悄悄話**
> 世界或許會對你的外貌評頭論足,但你擁有選擇不被這些聲音定義的自由。

Theory　下輩子投胎變成男性，真的會比較輕鬆嗎？

很多人覺得外貌焦慮是專屬於女性的議題，而男性不會有這樣的困擾。但在我的觀察裡，台灣的男性甚至會受到韓國與美國審美觀的影響，要求自己在同一副身體上呈現出兩種完美典型，並沒有比較輕鬆。

隨著韓國娛樂產業在亞洲的受歡迎程度持續攀升，韓國男團、男藝人展現的柔性陽剛氣質，成為現在亞洲男性普遍追求的形象。和女性一樣，男性也會面臨到社會文化的龐大壓力。並且，東方跟西方文化的差異同時並存在一副軀體上，男性的身體意象議題沒有比女性更加輕鬆。

無論是美國男性或是韓國男性，「肌肉」都是一種男性的身體標準。但兩種文化重視肌肉的程度和意義不盡相同。對於韓國人而言，肌肉比較像是裝飾性的用途，是用來欣賞的，具體的實用性並不高。但在美國，肌肉更常是一種實用性的價值，是男性身體力量的外在呈現。同樣的，在「男性要長得高」這件事上，韓國人重視的是「八頭身」所展現的觀賞價值，美國人則認為身高展現的是男性的身體支配力。

雖然表面上「肌肉」和「身高」都是西方與東方男性追求的身體樣態，但若忽略了東西方文化背景對於相同審美觀所賦予的不同意涵，我們就無法得出更趨近於台灣的結論。

美式運動體能強調男子氣概

美國男性會很明顯地去區分功能性與裝飾性的特質，比如，他們更在意男性的運動表現與體能，對於男性的臉部線條是否好看，標準則較為寬鬆和多樣。在美國，男性的身材和運動能力是被高度與「實用功能」連結在一起的，實用功能主要是指擁有可以保護他人的力量。除了個子高、有肌肉以外，肩膀要寬，要有一雙大手，並且擁有一雙長腿，都被視為理想的身體樣態。甚至當「肥胖」具有功能性時，也較能被人們所接受，比如：美式足球員的身材優勢。但是，缺乏功能性的肥胖，則會受到嚴重的汙名化，被認為是一個失去功能的身體。

美國男性的理想身體，強調的是「征服者的男子氣概」，特別強調男性透過力量和身體支配力，來確定他們的主導地位。有趣的是，在美國，男性若從事模特兒或時尚相關的工作，經常不被視為是在做一份認真的職業。美國人認為，當一個職業看重的是男性的外貌顏值，而非男性的身體功能，那麼就不該作為一個男性的理想生涯選擇。

韓風柔性氣質標榜社會成就

韓國男性的理想身體樣貌，曾經歷過三次重大轉變。第一個時期，被學者歸類為「儒家士大夫」時期，這時的男性被期待要花時間培養智力。上層階級的男性，專注在學術的修養，而體力則是下層階級男性擁有的特質。韓戰之後，進入軍事獨裁時代，此時韓國透過兵役的宣傳，將男性的身體塑造成具有支配力、有侵略性的樣貌。軍事時期結束後，韓國男性開始轉向柔性與陽剛並存的階段。由花美男、野獸男構成兩股勢力，並影響著亞洲男性的身體意象。

首先，花美男「꽃미남，發音 kkot-mi-nam」的軟性氣質與 1997 年經濟危機後流行的現代都會男性氣質密切相關，與擁有多少肌肉相較，

他們更注重儀容，例如化妝與時尚穿著，展示出能夠負擔奢侈品的經濟能力比肌肉更重要。男性獲得主導地位的方式並非肌肉，而是來自於購買力，這種購買力則是源自於專注取得學術成功後得來的財務成就。花美男被視為現代男性應該追求的榜樣，可以在社會中獲得權力、就業機會，並吸引到伴侶。

野獸男「짐승남，發音 jim-seung-nam」與花美男相較，擁有相對更壯碩的身材、強壯的肌肉，接近西方文化中所認為的「陽剛氣質」。然而，過度的肌肉發達被韓國社會認為是不可取的，甚至是需要迴避的身體樣態。野獸男同樣被期望注重儀容，不能出現不受歡迎的特徵。如，鬍鬚會被視為骯髒的，過於突出的下頜線也需要避免。其他體型特徵如肥胖、矮小、短腿和痘痘，都不是會受歡迎的身體特徵。而深色皮膚因為會聯想到戶外勞動者，被認為地位較低；淺色皮膚則與高地位辦公室工作相關。韓國甚至有「안여돼，發音 an-yeo-dwae」的詞彙，用來形容戴眼鏡、長痘痘且肥胖的人，是一個韓國社會認為不理想的外型標籤。

儘管美國與韓國的審美標準各異，卻都對男性身體意象形成了多重壓力。在美國，這種壓力可能驅使男性追求極端的肌肉發展，甚至引發肌肉上癮 (Muscle Dysmorphia) 與類固醇濫用；而在韓國，男性則可能因社會對外貌的高度重視而選擇整形或極端節食，試圖符合社會預設的審美標準。

對台灣男性而言，東西方審美觀的雙重影響更加複雜。男性不僅要滿足西方功能性陽剛氣質的期待，還需兼顧美學化的東方柔性氣質，導致對身體意象的要求更加多元且矛盾，造成更多的困擾和焦慮。

Chapter
06

誰能站 C 位？
舞者偷偷都在比

＃社會比較 ＃fat talk ＃飲食疾患

Story 「我不能單純愛跳舞嗎？」別讓藝術成爲身材競技場

19歲的小芳是舞蹈系學生。懷抱著對舞蹈的熱愛，她走進了這個充滿夢想的地方。然而，來自同學間的激烈比較，讓她的身材焦慮一步步升級，甚至走向了失控的健康危機。當然，她的例子不只是個人的經歷，而是舞蹈系中學生的縮影。

小芳從小就熱愛舞蹈。舞台上的她總能吸引所有目光，每一個旋轉和跳躍，都彷彿能訴說故事。憑藉著天賦與努力，她順利考入全國知名的舞蹈學院，和全國各地最優秀的舞者成為同學。剛入學時，她滿心歡喜，覺得終於站在了離夢想更近的地方。

然而，隨著學期進展，她開始察覺到學系裡有些不同尋常的「規則」。除了練習技術，同學們還似乎在比拚著另一件事——誰的身材更纖細。「某某的手臂好細」、「她的腰真的是舞台上的絕佳比例」，這樣的討論不時在排練室裡響起。小芳發現，除了技巧，外貌竟然也成了成為「完美舞者」的重要條件。身體，在全班的比較之下成為了延伸的戰場。

更衣室裡的祕密競爭

班上的另一名同學小婷是一名出色的舞者，她不僅動作優雅流暢，還擁有天生纖細的體型。每次小婷站在鏡子前練習時，小芳的目光總是忍不住追隨。「她的腰這麼細，而我的還有些肉，是不是這就是表

演甄選更常選中她的原因？」這樣的念頭越來越頻繁地出現在小芳腦中。

更讓小芳焦慮的是，班上的同學對身材的討論幾乎無處不在。課後的更衣室裡，總能聽到類似的對話：「我今天吃太多了，感覺肚子都大了一圈」、「天啊，她的腿瘦成那樣，我到底該怎麼辦？」這些話看似無心，卻充滿了對身材的批判與焦慮。

> 身材焦慮談話（Fat Talk），即人們用自嘲或批判的方式談論體重或身材。身材焦慮談話不僅是個人對自身外貌的不滿表現，還是一種集體行為，會在團體中造成傳染效應。當一個人進行身材焦慮談話時，其他人也會跟進，試圖表達對身材的擔憂，以獲得群體的認可。這種行為加劇了小芳對身材的敏感，讓她感到不斷被比較和審視，進而放大了她的焦慮與壓力。
>
> 根據心理學中的社會比較理論（Social Comparison Theory），人在團體中往往透過比較來評估自己的價值，而在舞蹈系這樣的高壓環境裡，這種比較不僅局限於技術，還包括了外貌標準。當整個班級都被這種風氣籠罩，個體的焦慮就會進一步被放大。

為了趕上同學的「纖細標準」，小芳開始嘗試改變自己的身材。一開始，她只是減少每餐的份量，但她發現效果太慢了。某天，她無意間聽到幾個同學在更衣室的悄悄話：「其實催吐很有效，一下子就能排空。」這句話瞬間點燃了她的靈感。

極端減重方式傷身又傷心

起初，小芳對催吐充滿抗拒，但在一次慶功宴中大吃大喝後，她

懷著複雜的心情嘗試了第一次。當體重計上的數字出現下降時，她的內心充滿矛盾。催吐的短期效果讓她上癮，但這種行為也讓她的身體和心理付出了代價。每次催吐後，她都覺得全身無力，甚至連課堂都無法集中精神。

更糟糕的是，她開始頻繁地暴飲暴食，然後再催吐來「補救」。這樣的行為讓她既痛苦又害怕，尤其擔心自己的祕密被同學發現。在更衣室裡，她總是小心翼翼，怕有人聽見洗手間的聲音，或者注意到她手指關節上的疤痕。

長期的催吐讓小芳的健康亮起了紅燈。她的牙齒因胃酸的侵蝕變得敏感，落髮，甚至經常感到頭暈乏力。她對自己的行為感到羞恥和厭惡，卻又無法停止這種惡性循環。小芳將自己對外貌的不滿內化為羞恥感，並因害怕被同學發現而進一步強化了這種行為，形成了身體與心理的雙重壓力。

一次排練中，小芳因為長期的暴食與催吐導致體力不支，突然在訓練中摔倒。這引起了導師的注意。排練結束後，導師特意叫住她，溫柔地問：「小芳，你最近是不是壓力太大了？」面對導師的關心，小芳忍不住哭了出來。她說出了自己一直以來的焦慮與壓力：「班上每個人都這麼纖細，我只是想趕上大家，不想被拋在後頭……」

動人的元素在身材之外

導師耐心地聽完後，對她說：「舞台上的美不是來自一個完美的身材，而是你的動作和情感能否打動觀眾。你的力量感和動作張力其實很有魅力，這是你與眾不同的地方。」這番話讓小芳感到了一絲釋放，她開始意識到，自己一直在為錯誤的目標而努力，卻忘記了自己的舞蹈初衷。

在導師的建議下,小芳開始學習如何建立正向的身體意象。她逐漸了解到,每個人的身體都有其獨特性,而舞蹈需要的是健康的身體來支撐高強度的訓練,而不是一味迎合外貌的標準。隨著體力的逐漸恢復,她的課堂表現也開始改善,情緒變得穩定,內心的滿足感再次回到她身上。

幾個月後,小芳參加了一次學校的公開表演。在舞台上,她不再糾結於身材的問題,而是專注於每一個動作的表現。當表演結束後,觀眾的掌聲和導師的讚許讓她重新體驗到久違的滿足。

表演藝術相關的職業環境中,外貌焦慮可能會帶來極大的身心壓力。然而,表演藝術的本質在於其所傳遞的力量與情感,而非一套單一的標準。當我們學會尊重自己的身體,專注於健康與表現,我們才能真正釋放自己的潛力,展現舞蹈藝術的魅力。對每一位追求夢想的舞者來說,健康與熱愛,永遠是最重要的基石。

PRACTICE

觀察外貌多樣性

由於媒體經常強調單一的美貌標準,使我們誤以為成功與外貌有直接關聯。然而,現實世界中,真正的影響力與價值來自於能力、個性與表現力,而非外貌。

步驟一　搜尋不同類型的成功人士照片

搜尋來自不同背景的成功人士,觀察他們的外貌與形象。不要只關注那些符合傳統審美標準的人,而是選擇各種不同身形、年齡、膚色、性別的人物,看看他們如何透過自身的能力與影響力獲得社會認可。你可以選擇來自以下領域的人物:

・商業與社會影響者(企業家、非營利組織領袖)

・政治與公共事務(社運人士、政治家)

・藝術與娛樂界(演員、舞者、音樂家)

・科學與學術界(科學家、教授、作家)

・運動界(運動員、教練)

步驟二　記錄他們的共同特點

觀察這些成功人士的照片,並思考他們的外貌特徵是否相似?是否符合單一的審美標準?他們的成就與影響力,是否完全取決於外貌?如

果這些人並未擁有所謂的「完美外貌」，他們如何獲得成功？

1. 「有些科學家、企業家並不符合主流審美，但他們的智慧與創造力讓人敬佩。」
2. 「成功的運動員身材各異，並不只有纖細或肌肉發達的才算優秀，他們的表現力與專業能力才是關鍵。」
3. 「我發現很多藝術家和演員都有獨特的外貌特徵，而非傳統審美標準。例如，某些知名演員的五官並不對稱，但他們的表演充滿魅力。」

步驟三　反思與書寫心得

寫下你的觀察心得，問自己：「為什麼我比其他人更在意自己的外貌？」

可能的自我探索方向：

如果他人的成功不取決於外貌，為什麼我會覺得自己的價值與外貌息息相關？

我是否曾因外貌而懷疑自己的能力？這樣的想法有根據嗎？

1. 「我發現自己過去過度關注外貌，可能是因為社會告訴我們『漂亮就有價值』，但實際上，許多成功的人並不符合傳統審美標準，他們的價值來自於能力與個性。」
2. 「這個練習讓我意識到，我對外貌的執著來自於比較心態，然而，真正能讓人尊重與認可的，並不是外表，而是我的能力與影響力。」

Theory — 越討厭自己的身體、越想減肥，罹患厭食症、暴食症的機率就越高

研究指出，一個人對自己體型的認知和自己的實際體型若存在龐大的不一致，如，認為自己比實際體型胖，或認為自己比實際體型瘦，都可能會嚴重影響他們的自尊，並且會出現憂鬱情緒。甚至有研究者表示，有 91.5% 的人會錯誤地認為自己比實際體型更加肥胖。實際體型與認知體型不一致的人，會更有意願透過飲食控制和運動減去想像中的重量或脂肪。調查更指出，有 82.7% 的年輕學子有過體重控制的經歷。

體型感失調：錯誤自我認知加劇焦慮與自尊問題

體型感失調（body-image distortion）越嚴重，當事人越可能使用不當的體重控制方法，如：禁食、代餐、使用藥物等。研究者發現，青少年男女若認為自己是肥胖體態，就會更容易感到憂鬱，以及衍生出自己比別人差的想法，也會讓他們有較低的自尊。在韓國的研究中，許多 20 多歲的女性即使體重正常，卻仍認為自己過重，甚至有些體重偏低的女性也非常在意體重控制並嘗試節食。

一份韓國的研究，很值得我們了解。研究者按照實驗對象的 BMI 和主觀體型認知情況，分成三組。一組是認為自己比實際體型更瘦（自覺過輕組），一組認為自己和實際體型一致（一致組），最後一組認

為自己比實際體型更胖（自覺過重組）。

女性過度減重、男性追求壯碩

研究結果顯示，男性與女性在體型認知的比例上，女性更容易認為自己比實際體型更胖，19～29 歲的年輕女性有 31.2% 誤認自己很胖，應該要進行嚴格的飲控和減重。這很明顯地影響到女性的飲食行為，研究顯示，韓國各年齡階段的女性，每日平均攝取的總卡路里都低於建議值。

19～64 歲的男性，則是普遍認為自己過瘦、太輕，這可能跟男性長久以來就認為體型應該壯碩、高大有關，男性的焦慮較多是覺得「君子不重則不威」。韓國各年齡階段的男性，每日平均攝取的總卡路里都會高於建議值。大約有 1.7%～2.4% 的男性會有身體臆形症，而患有身體臆形症的男性之中，又有 22% 的機率會合併肌肉上癮一起出現。

在碳水化合物與脂肪攝取比例上，19～29 歲男性、自覺過重組的碳水化合物攝取量最低。30～49 歲和 50～64 歲的女性，自覺過重組的碳水化合物攝取量最低。這表示，韓國女性不分年齡段，只要認為自己過重、太胖，都會採取減肥節食的策略，幾乎是終其一生都把減肥當成人生未竟事宜來努力。韓國男性，19～29 歲年齡段，受到花美男、陰柔氣質的影響比其他年齡組別更大，更容易覺得自己過胖，應採取不吃澱粉的節食策略來減重、健身。

無論男女，「自覺過重組」無論實際體重如何，在所有年齡階段內，都有最多人在關心變瘦的議題，並嘗試飲食控制，而且會傾向於透過減少食物攝取量而非增加運動量來嘗試減重。許多研究都顯示，在進行體重控制時，人們更喜歡透過節食、減少進食量來達成目標。

社群媒體帶來的飲食迷思

另一份研究顯示，有 40% 的年輕日本女性，會以網紅們的推薦作為飲食選擇的依據，而非食物真實的營養成分。研究發現，少女們每天使用社群軟體的時間越長，越少參考營養成分表，也越少選擇牛奶等乳製品。

這是因為日本青少女相信牛奶和乳製品的脂肪含量比較高，卡路里也比較高，容易導致體重增加，因此盡量避免食用。日本女性對乳製品的迷思，剛好和她們身體在發育時所需要的營養背道而馳，乳製品可以提供蛋白質和鈣質，但長時間掛在社群網路上的日本女性，以身材的纖瘦為優先考量，產生不正確的食物迷思。

此外，社群媒體的影響，也有可能與大學生情緒性暴食的行為有關。有一份針對黎巴嫩大學生進行的研究，主要探討社群媒體使用行為與飲食習慣的關聯。研究結果顯示，在社交媒體上感覺到社會比較壓力較高的大學生，越容易利用高熱量的食物來解決自己的負面情緒。也更容易採取限制性飲食，如：限制自己只吃某種食物，或只能吃極少份量的食物。若是一個大學生不使用 3C 產品時，會有 3C 分離焦慮。那麼，他很可能也有較高的飲食困擾，與飲食失調的風險。土耳其的研究也有類似結果，若大學生使用社交媒體的時間較長，飲食失調的風險也會增加，且更有可能採取情緒性飲食來消除負面情緒。

美國的資料則顯示，青少年男女使用網路的時間越長，越有可能在沒有覺察的情況下，吃進過多高熱量的食物。青少年男女使用網路的時間越長，越容易受到同儕分享的飲食習慣影響，假如那陣子同儕都在貼健身、運動照，並且在進行嚴格的飲食控制，那麼他們也更有可能跟進社交平台的分享，也一起進行健身運動和飲食控制。發健身或運動文，到底是不是促進身心健康的行為？後面會再深入討論。

青春期的危險信號：對身體不滿意是飲食障礙的預警

透過研究的探索，我們可以了解，對自己身體抱有負面看法的人，總是討厭自己身體看起來的樣子。對於自己身體實際樣態的認知有極大的落差，會採取錯誤的方式對待身體。不分年齡，女性更可能以為自己過胖，所以不斷減重。不喜歡自己身體的人，又更可能採取極端的節食方法，或特別的飲食方式。例如，都吃蛋白質不吃澱粉，或是都吃蔬果不吃肉等。會更勇敢地去嘗試各式各樣流行的減肥法，試圖達到社會認為的理想身材。

對身體的不滿意不僅影響心理健康，還會促使人採取極端且不健康的飲食方式，導致營養失衡和生理問題。長期下來，容易導致營養攝入不足，產生落髮、停經、皮膚無光澤、肌肉量不足等症狀。

一個為期 10 年的研究發現，在青春期時，想減肥的慾望程度高、對自己身體不滿意程度也高的人，未來更容易罹患飲食相關的疾病，例如厭食症或暴食症等。青春期是飲食行為塑造的關鍵階段，對身體的不滿與減肥慾望是未來罹患飲食障礙的重要預測指標。社群媒體的影響加劇了青少年的飲食迷思，讓他們優先考慮外貌而非健康營養需求，而社會對理想身材的執念，讓錯誤飲食信念盛行，最終犧牲的卻是個體的身心健康與成長發展。

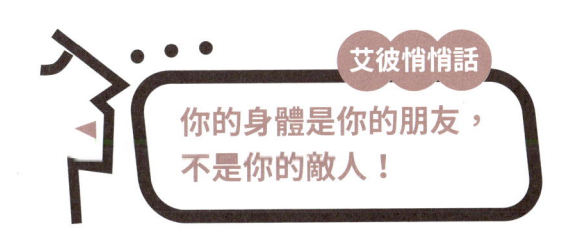

> **艾彼悄悄話**
> 你的身體是你的朋友，不是你的敵人！

Chapter 07

隱藏在膚色底下的內隱偏見和歧視

＃美白 ＃歧視 ＃內隱偏見 ＃文化優越感

Story｜膚色「深一號」無須改！混血兒 Sara 拋開美白執念，也丟掉了社會偏見

Sara 是一名台泰混血兒，從小在台灣成長，中文是她的母語，但她的膚色，卻總讓她顯得格格不入。

小時候，Sara 最害怕的就是體育課。從國小開始，她因膚色深而經常被同學取笑。他們叫她「小黑人」、「泰勞的女兒」，甚至在體育課上公然比較她的膚色，嘲笑她不像「真正的台灣人」。這些話語在年幼的 Sara 心中烙下深深的痕跡，她開始討厭自己的膚色，甚至連母親的泰國背景也讓她感到羞恥。

否定自己的膚色，否定自己的價值

國中時，情況並沒有好轉。女生之間開始流行討論「白皙皮膚才美啊」，而 Sara 的膚色總成為比較的「最低標」。同學的言語毫不留情：「你媽媽是泰勞吧？聽說泰國人都這麼黑。」她不敢反駁，也不敢談論母親的背景，因為這樣的話題只會讓她感到羞恥。

> 內化種族主義（Internalized Racism）是指個體在受到種族或文化歧視時，將外界的偏見內化，轉化為對自身身分的否定。Sara 逐漸不願提及自己的母親，甚至刻意避免讓同學知道她是混血兒。這種內化的偏見與歧視不僅影響她的自我認同，更讓她在成長過程中感受到深深的孤立感。

漸漸地，Sara 開始否認自己的身分，不再主動提起母親的泰國背景，甚至希望自己能完全擺脫那個「不屬於台灣審美的標籤」。她的自我認同，開始搖搖欲墜。

高中時，Sara 的世界被社群媒體和廣告包圍，螢幕裡的模特兒總是皮膚白皙、光滑，廣告裡反覆強調：「白皙，亮麗，晶瑩剔透。」於是，她開始瘋狂購買各種美白產品，敷面膜、塗精華液，期待哪一天醒來，自己也能變得和廣告裡的人一樣。

但現實總是無情。她的膚色並沒有因為這些努力變得更白，反而因為過度使用產品而敏感泛紅。每一次失敗都讓她更加痛苦，也更加執著於改變自己。她對著鏡子，盯著自己的臉，不停地問：「為什麼我不能和別人一樣？」

求學階段的 Sara，因為很想融入其他女同學的群體，做了非常多的嘗試，也流下很多眼淚。因為同儕壓力，Sara 否定了自己的膚色，也否定了自己的價值。

成功偶像的多元背景，為她開啟一扇窗

直到高中的某一天，Sara 在網路上看到了韓國女團 Blackpink 成員 Lisa 的訪談。Lisa，作為泰瑞混血兒，剛進入韓國娛樂圈時，也因膚色深而遭受網友的歧視與攻擊。有人說她「東南亞味濃」、「素顏外表膚色糟」，有人嘲笑她「不適合當偶像」。但 Lisa 用實力證明，膚色並不妨礙她成為一名世界級的明星。

Lisa 的故事像一束光，照亮了 Sara 心中的黑暗。她第一次意識到，自己並不孤單，也並不是因為膚色而注定失敗。相反，膚色和背景或許可以成為她的優勢，成為她與眾不同的力量。

進入大學後，Sara 的生活開始出現轉機。校園裡，來自不同背景的同學讓她感受到前所未有的包容。一次東南亞文化祭的活動中，她第一次鼓起勇氣，穿上母親從泰國帶回的傳統服飾，站在台上介紹自己的文化背景。那一刻，她感覺到前所未有的驕傲。

漸漸地，她開始參與更多與文化相關的活動，甚至主動向母親了解泰國的歷史和傳統。她發現，自己的文化身分並不是一種負擔，而是一種值得珍惜的財富。

> 心理學中的多維自尊理論（Multidimensional Self-Esteem Theory）指出，自尊不應僅僅來自外貌，還應該來自多方面的價值，如能力、人際關係與文化認同。Sara學會從自己的文化背景和學術成就中找到力量，而不再執著於不能改變的膚色。

Sara 不再執著於美白，她開始欣賞自己的膚色，並以積極的方式面對自己的身分。更重要的是，她與母親的關係也變得更加親密。她不再害怕談論母親的背景，反而為能擁有這樣豐富的文化遺產而感到自豪。

大學畢業後，Sara 選擇加入了一個推廣多元文化的非營利組織，致力於改變台灣社會對外籍配偶的刻板印象。她經常受邀到學校分享自己的故事，鼓勵年輕人接受自己的身分，擁抱多元的美好。

Sara 的故事，是一個關於成長的故事，也是一個關於改變的故事。就像她在一次演講中說的那樣：「我曾經花了很多時間，試圖讓自己變得更像日、韓雜誌上的女生。但現在我明白，我們的身分，不是我

們的負擔,而是我們的力量。」當我們開始接納自己的與眾不同,開始欣賞自己的獨特性時,我們才能真正感受到美的力量。

這句話,既是她對自己的承諾,也是一份對社會的提醒:每個人都有屬於自己的獨特之美,而多元的審美觀,才是這個世界最需要的答案。

PRACTICE

外貌認知的歷史

　　外貌焦慮並非無端產生，而是受到成長經驗、社會標準、文化價值觀以及個人期待的影響。本練習幫助你深入了解自己焦慮的來源，辨識影響自我形象的因素，進而用更客觀的方式看待自己，減少自我懷疑。

步驟一　回想一段讓你感到外貌焦慮的經歷

閉上眼睛，回想過去曾經因外貌而感到焦慮、沮喪或自卑的時刻。這可能是因為某人的一句話、一張照片、一場聚會，或是某次在鏡子前的自我審視。寫下當時的場景、你的感受和反應。例如：

「那天朋友說我的鼻子太塌，聽到的瞬間我愣住了，然後笑笑帶過，但內心卻開始懷疑自己是不是應該去整形。」

「我看到某位網紅的照片，對比之下覺得自己很普通，於是開始瘋狂尋找改善外貌的方法。」

「試穿新衣服時，覺得自己的身材不符合潮流標準，感到沮喪，甚至沒心情出門。」

步驟二　深入探究，這種感覺從何而來？

接下來，請試著思考，這種焦慮的源頭來自哪裡。問自己以下問題，

並寫下答案：

這是別人對我的評價，還是我對自己的期待？

如果來自他人，這些人的話真的代表真理嗎？還是只是個人意見？

如果來自自己，我為什麼會這樣要求自己？這樣的標準合理嗎？

這種審美觀是天生的，還是受到社會文化影響？

如果今天換成別人遇到這種情境，我會如何安慰他？

步驟三　重新分析這次經歷，換個角度看待自己

現在，試著從更客觀、更寬容的角度來看待這次經歷。寫下你的新觀點，例如：

「朋友的話只是個人審美觀，這並不代表每個人都這麼覺得。我不需要為了迎合所有人的標準去改變自己。」

「網紅的照片可能經過濾鏡和修圖，與現實生活並不相符。我應該少拿自己與不真實的形象比較。」

「我不符合某種潮流，但這並不代表我不美。我可以尋找更適合自己的風格，而不是追逐單一標準。」

Theory

對中性的形容詞,你只想到「壞的」一面?你可能也有「內隱偏見和歧視」

外貌內隱偏見和歧視,指的是當事人看見特定外貌特徵時,內心會產生一連串的聯想與假設。並依據這些聯想與假設,產生情緒、做出行動。我舉兩個例子,來跟大家說明「外貌內隱偏見和歧視」。

第一個例子:小軒分組的時候,看見身材較胖的 Allen 走到自己旁邊,立刻快步到一個離 Allen 很遠的位置,不想和他同一組。

第二個例子:庭庭被說「你很像東南亞美女耶!」心裡覺得很不舒服,認為對方是不是在消遣她。

第一個例子之中,小軒對於大尺碼的 Allen,抱持著偏見,認為比較胖的人就是好吃懶做、沒有自制能力,如果和他同組,Allen 可能會拖累自己,讓自己工作份量變多,所以快步離開。

第二個例子中,「東南亞人」本身是一個複雜的概念,庭庭卻對這個說法感覺到不舒服,明顯是聯想到「東南亞人」的某些負面特徵,比如:在台灣的東南亞人多為移工、多為社會經濟地位較低者。而如果,庭庭平時關注的多為日韓的女明星,很可能會認為「東南亞美女」並非高䠷、白淨、裸妝的主流審美,進而覺得對方在消遣她。

對於「特定外貌」的負面聯想

這兩個例子,都牽涉到一個人對於「特定外貌」有一些聯想與假

設。如，小軒從「胖」聯想到懶惰、沒有自制力、自己的工作量會變多。庭庭從東南亞人聯想到移工、社會經濟地位，以及矮小、皮膚較黑、妝容較濃等形象。這一連串的聯想與假設，未必為真，卻大大影響到小軒和庭庭的心情與行動。

小軒和庭庭都是真實的案例，他們在覺察到形塑主流審美觀的社會因素之後，都在私底下跟我坦承，他們對自己當下有過那一串歧視性的想法很不好意思。因為，他們都希望自己不會因為外貌被誤解，可以被他人公平對待，卻在沒有覺察的時候，假定胖就是能力低下、沒有討喜特質；假定東南亞人就是地位較低、美感也不入流。對小軒和庭庭來說，他們驚覺自己也無意識地參與了主流審美的自我審查，不僅歧視別人，也對自己不夠友善。

外表的討論容易落入兩種極端

我經常受邀到各公私立單位和學校分享有關身體意象和容貌焦慮的主題。每次在開場前，我都會先問聽眾：「聽到『人帥真好，人醜吃草』和『正妹的屁都是香的』這些很極端的話，你是怎麼想的呢？」

我發現，越年輕、社會化不深的學生，回答也越直接。他們的反應簡單歸納起來，就是：「事實不就是這樣嗎？好看的人就是比較占優勢。」但越是受過高等教育，職位越高的主管，回答就會越趨保守，偶而會出現一、兩個比較活潑的回應，但大致上都會是「我認為個人氣質、內涵比起外表更重要」這種標準答案式的回答。

這樣的觀察，反映出大眾對於外表的討論，一直以來都只有兩種極端。

第一種類型是「認為『外貌紅利』是無法改變的事實，因此只能

接受」。另一種是害怕討論自己對容貌的偏見，所以用「標準答案」式的回覆，避免討論自己內在真正的想法與感覺。

第一種類型的人，傾向認為社會規則理所當然，就不會去質疑和深思。也更可能在沒有反思的情況下，接受這些洗腦式的主流審美觀，拚命地想辦法讓自己活在標準之內。有這類假設的當事人也會傾向相信，「外表會導致自己的生活受挫」。在一次次與外界環境互動之中，累積各種挫敗經驗，逐漸地限縮自己能擁有的人際、職場發展選項，導致難以融入人際、社會、職場，最終回頭再次增強自己的信念「好看的人就是比較有優勢」，而做出應該改變外表的結論，甚至是行動。但如果他們因為各種緣故，無法順利改造外貌，比如，當事人沒有錢而無法做整形之類的容貌改善，就更容易陷入到這類的循環之中，並且變得更加憂鬱和無奈，一直盼望著用極端的方法重啟人生。

第二種類型的人，僅只在意識上知道「不以貌取人」是被讚許的普世價值，但在潛意識中也有很多複雜的內隱歧視尚待破解。他們的包裝比較厚，但是選擇權相對比較多，因此他們可能一方面沒有覺察自己也會對某些外貌特質的人產生偏見和歧視，但卻持續做出向主流美感靠攏的行為，例如：尋求高價位的醫美項目。

內隱偏見和歧視在不知不覺中阻礙了你

棘手的事情在於，第二類型的人，多半都已經是職場的中堅分子。他們可能在面試上，握有更多的權力。這裡舉一個美國的研究為例，說明種族與膚色歧視如何影響黑人和白人的面試表現。研究者發現，白人主考官會無意之中減少和黑人面試者的眼神交會次數、聆聽時身體也較少向前傾的動作，這些非語言表情，都會讓黑人面試者認為是不友善的，即使在有機會挪動座位的時候，也會傾向把位子拉得離白

人主考官更遠。這會被白人主考官解讀為不夠積極，當然會讓黑人面試者降低被錄取的機會。

當第二類型的人擔任主考官時，會不會因為自己對外貌的偏好不曾被深刻覺察過，而不小心做出一些非語言行為，有利於符合主流審美的面試者，卻不利於不符合主流審美但卻能力傑出的面試者？如此不知不覺地以外表而非工作能力做選擇，對公司來說是更好的決定嗎？

在我的觀察裡，前述第二種類型——在職場上已擔任主管、年齡介於40至55歲之間的人——如果同時具備家長身分，往往會在與新世代的互動中，逐漸意識到「外貌議題」對不同世代的深遠影響。

這主要是因為，他們的孩子普遍出生於2000年以後，屬於前述的第一種類型：相信「外貌紅利」、甚至以成為網紅為志向的新興世代。

對40至55歲的家長而言，他們的成長經驗中，並不存在被社群媒體全面圍繞的情境。那個年代，社會普遍強調「唯有讀書高」的價值觀，「變聰明」、「會考試」才是兒童與青少年階段被要求達成的目標。對他們來說，「成為網紅」、「顏值流量變現」從未是人生選項，而「變好看」也不被視為必需品。

相對地，他們10至25歲的孩子，從小就浸淫於各類網紅頻道、Instagram及其他自媒體，視「成為網紅」為職涯目標之一。因此，兩個世代在「外貌議題」上的衝突與爭執，自然而然地浮現。

雖然40至55歲的家長中，有些人在成長過程中曾因外貌被嘲笑或欺負，但當時的因應方式，多半是將悲憤轉化為力量，把注意力轉向其他領域，例如：學業表現或個人努力。「忽視外貌嘲笑，專注追求學業成就」，成為那一代人在童年與青少年時期的標準應對策略。

因此，這一代父母很容易將「外貌議題」簡化為「靠自己努力就能克服的小困擾」，而在與年輕世代的溝通中，無意間將孩子提出的外貌焦慮輕描淡寫。

他們常告誡孩子：「不要想太多，這個年紀應該好好念書。」

或是將問題歸結於個人努力，說：「如果你在意，就努力讓自己變好看啊！」

這樣的反應，卻無形中加深了兩個世代在溝通上的鴻溝。

說到底，無論是父母那一代採取的「努力忽略」策略，還是孩子世代的「全力追求主流審美」，兩種方式其實都容易陷入外貌陷阱，不小心對某類外表的人產生偏見或歧視。

不過！恭喜你，閱讀到這裡的你，至少已經掌握了一部分的金鑰。我們知道，解方永遠都在對「主流審美」進行解構，並對「外貌內隱偏見和歧視」有系統性的了解。在基礎上擁有雙方可以溝通的詞彙與利基點，才能在這個議題上討論得更有方向、更深入。

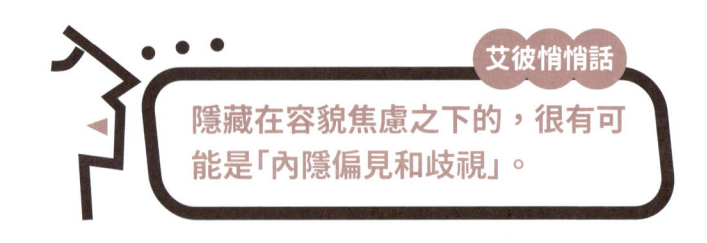

艾彼悄悄話

隱藏在容貌焦慮之下的，很有可能是「內隱偏見和歧視」。

Chapter
08

無所不在的數位觀衆，讓外貌成了公開考試

#直播主 #社群媒體 #容貌焦慮

Story 當直播間變成身材審查場,她選擇這樣反擊!

性格直爽的雪婷原本是一名科技公司的業務員,但遇上疫情來襲,公司進行裁員,她被迫離職。待業在家的日子裡,她心想:「我口才不錯,技術也懂,或許可以試試看網拍直播賣 3C 產品!」

一開始幾乎沒什麼觀眾,為了吸引流量,她努力準備產品資料,練習鏡頭表現,甚至向經驗豐富的主播取經。終於,她的觀看人數開始上升,但這也帶來了新的挑戰。

某天直播時,雪婷正專注介紹一款藍牙耳機,試圖用自己的專業知識吸引觀眾購買。然而,網路留言卻漸漸偏離主題:「賣 3C 產品也需要事業線吧!妳要不要看看隔壁台多吸睛。」「這麼平,是來搞笑的嗎?」「身材根本沒料,這樣直播我沒辦法抖內欸。」這些話讓雪婷的心猛地沉下去。她努力把話題拉回產品上,但語氣卻越來越僵硬。直播結束後,她對著鏡子發呆,覺得自己的身體成了流量變現障礙。

網路上的消遣、男友的玩笑,讓她迷茫而焦慮

某天,她和男友騎機車出門,迎著風,男友隨口開玩笑說:「妳這麼瘦,胸部都沒肉,剛剛差點以為載的是我哥欸。」雖然是句玩笑話,但雪婷的心彷彿被針扎了一下。她忍住不回應,心裡卻翻江倒海:如果連最親近的人都能說出這種話,那她的平胸,是否真的成了所有

人眼中的「缺陷」?

幾天後,她參加朋友的生日聚會,大家聊得整個聊開了。一位朋友抱怨:「唉,胸部太大也不是好事,肩膀經常痠痛,衣服也很難搭配。好羨慕你喔!」這句話在雪婷耳中聽來,簡直像是在炫耀。她心裡泛起酸楚,但只能沉默。

這些打擊讓雪婷開始認真考慮隆胸手術。她翻閱了無數案例,瀏覽了許多診所網站。她幻想著擁有豐滿的身材,能讓自己在直播間更具吸引力、在人群中更加自信。然而,她也看到許多術後問題:疼痛、效果不自然、感染併發症,甚至差點失去性命。

「為什麼我需要付出這麼多,只是為了符合別人的標準?」她第一次感到迷茫,卻找不到答案。

在朋友的建議下,雪婷開始心理諮商。心理師幫助她理解,她的焦慮並不是因為胸部的大小,而是因為她過於內化外界的審美標準。心理師說:「妳的身體是妳的,不是為了取悅他人的工具。」她開始思考:這些對外貌的苛求,到底是自己的需要,還是社會的枷鎖?

我的專業不需要靠事業線來撐

一次晚餐後,她和男友開誠布公:「我知道你可能沒有惡意,但你的那些話,讓我覺得自己不被欣賞。如果你覺得身材是最重要的,那我們或許真的不適合。」男友愣住,連忙解釋:「我真的不是那個意思,我從來沒有覺得妳不夠好!」但這次對話,讓雪婷更加確定,自己需要的是無條件的尊重,而不是一段讓她感到自卑的關係。

某次直播中,留言再次出現嘲諷:「這麼平怎麼帶貨?」這次,雪婷不再忍氣吞聲,而是直接回嗆:「平胸怎麼了?我的專業不需要

靠事業線來撐。如果你覺得身材比內容重要，那你可以轉台。」

她的坦率贏得了直播間觀眾的熱烈支持，特別是女性觀眾紛紛留言：「妳太棒了！」這次直播後，雪婷不僅人氣提升，也收穫了更多的自信。

雪婷逐漸學會接納自己的身體，並將更多精力投入到提升直播內容上。她開始分享自己從焦慮到接納的過程，鼓勵觀眾以多元的視角看待美。「我們的身體不是商品，它是我們獨一無二的存在。」她的故事不僅吸引了更多忠實粉絲，也成為直播界的一股清流。

雪婷的經歷，是無數人在審美壓力下的縮影。然而，她的覺醒也告訴我們，身體的主權永遠屬於自己。而真正的美，是來自於自信與內在的力量。當我們學會擁抱不完美，才能釋放出最耀眼的光芒。

PRACTICE

行動優先法

外貌焦慮常讓我們過度在意自己的形象,甚至因此推遲重要行動,例如避免參加社交活動、錯過工作機會或對自己設定過多限制。然而,真正的成長來自於行動,而非等待「完美」的時刻。本練習透過「行動優先法」,幫助你減少因外貌焦慮而逃避的行為,鼓勵你立即投入行動,並從實際經驗中獲得自信。

步驟一　列出因外貌焦慮而延後的三件事

請想想,你是否曾因為在意外貌,而推遲或避免做某些事情?比如:

社交場合:因為覺得自己身材不夠好,拒絕參加聚會或和朋友見面。

職場機會:因擔心自己的外表不符合專業形象,延後與客戶會面或錯過重要演講。

興趣嗜好:害怕穿泳衣所以拒絕去海邊、想學跳舞但擔心自己不夠好看而不敢報名。

寫下三件你因外貌焦慮而延後的事情:

1.

2.

3.

步驟二　為每件事設定明確的行動時間

現在，請在每件事情旁邊寫下「何時」你要執行這件事，確保你設定的時間點具體可行。例如：「下週六14:00參加舞蹈課」或「明天10:00出席同學會」。

請為你的行動設定具體時間點：

我將在 _____（日期／時間）執行_____。

我將在 _____（日期／時間）執行_____。

我將在 _____（日期／時間）執行_____。

步驟三　執行後反思：結果是否與你原本的想像一致？

完成行動後，請寫下你的真實感受。這個過程是否比你想像中困難？還是比你想像中輕鬆？你的擔憂是否真的發生了？還是發現自己其實比想像中更有能力面對？請在完成行動後，記錄你的心得與反思：

1. 我的實際經驗 vs. 我的原本想像：

2. 這次行動帶給我的收穫與感受：

3. 未來我是否會更願意採取行動，而非逃避？為什麼？

心得舉例：

1. 我的實際經驗 vs. 我的原本想像：

「我報名了舞蹈課，很緊張，穿上韻律服後覺得大家會看到我的凸肚子。」

2. 這次行動帶給我的收穫與感受：

「上完課後,發現大家只是專注在動作上。根本沒有注意到我啊!」

3. 未來我是否會更願意採取行動,而非逃避?為什麼?

「我會想繼續回去上課!因為我做了一直以來想做的事,而不是被外表的恐懼限制我的行動,感覺很棒!」

Theory

無時無刻處在「身體被評價」的情境中,引發的壓力賀爾蒙足以讓人身心俱疲

身體意象的影響不僅限於飲食和運動,還包括了對內分泌的影響。

加拿大運動行為科學家,凱瑟琳・安妮・馬丁・吉尼斯(Kathleen Anne Martin Ginis)做了兩個與身體意象和壓力賀爾蒙反應的實驗。

他們把參與者分成兩組,一組女性參與者,被告知將在有鏡子的健身房進行重量訓練,且必須穿著合身的運動背心和短褲。過程中,會由一名異性教練來錄製整個練習的過程。另一組,被告知將在一間沒有鏡子的私人房間內進行運動,可以穿著隨性的運動服,過程不會被錄製。

就在告知完以後,他們測驗兩組參與者唾液中壓力荷爾蒙的皮質醇(Cortisol)含量。研究發現,僅只是告知將進入一個高度被觀看、身體可能被評價的情境中,這群參與者的壓力賀爾蒙就已經飆高。

壓力賀爾蒙造成生理與心理的失調,引發惡性循環

第二個實驗,研究者告知來參與實驗的女性,她們即將試穿一套運動服,且將由異性研究員來進行錄製,交給評審來評估服裝的合身程度。另一組,則被告知她會在一個私密的環境試穿,不僅不會被錄製,後續也不會有人評價衣服是否合身。

被預告身形會被評價的女性，壓力賀爾蒙的分泌會增加。感覺試穿過程是隱密的，身體不會被評價的組別，壓力賀爾蒙指數則些微降低。

研究者認為，社會評價會引發負面身體意象，並引發像是羞恥感這類的情緒。同時，也會導致壓力賀爾蒙皮質醇的產生。簡言之，如果你預告即將把一個人放在高度引發身體意象焦慮的情境中，當事人會聯想到自己身材的瑕疵，並產生羞愧感，會導致這個人的壓力指數上升，身體大量分泌壓力賀爾蒙，長期下來會對此人的身心健康產生不良影響。

感覺有人在監視自己的身體、討厭自己的身體、感覺無時無刻都需要改變自己的身體，這種負面的身體意象，會一直讓人處在壓力狀態下，身體會持續釋放皮質醇這種壓力賀爾蒙。身體生理與心理互相作用的結果，會導致一個人的新陳代謝變得紊亂，更不利降低體重或改變身形。

更不用提，壓力賀爾蒙過高，也會削弱免疫系統作用，使人容易生病。增加一個人罹患慢性病的風險，如：心臟病和糖尿病，使一個人可以活動身體的方式更加受限，再度導致體重增加和肥胖、干擾睡眠、引起腦霧及免疫反應受損等結果。沒有精神，感覺疲倦的身體，什麼都無法做。這個結果，會再回過頭來強化當事人討厭自己身體的想法，身體意象變得更差，是一個無止盡的負面循環。

自我監視，或是默許他人監視你？

無時不刻處在被評價的情境中，對身體的負面意象會引發壓力賀爾蒙的大量分泌，使人陷入持續的高壓狀態。這種壓力不僅影響心理健康，還會削弱免疫系統，導致代謝紊亂、慢性病的罹患機率上升，

而體重增加則只是一個表象，讓當事人的身心狀態逐漸惡化。

身體意象焦慮不僅僅是一種情緒，更是一種有害的生理壓力源，讓人陷入無法擺脫的負面循環。長期的壓力賀爾蒙分泌會使人感到疲憊、失去活力，進一步強化對身體的不滿意與自我厭惡。

若想打破這個惡性循環，就需要你重新審視外在評價的影響，並改變對自身的看法與接納程度，如此一來，才能真正改善心理與生理的健康狀態。

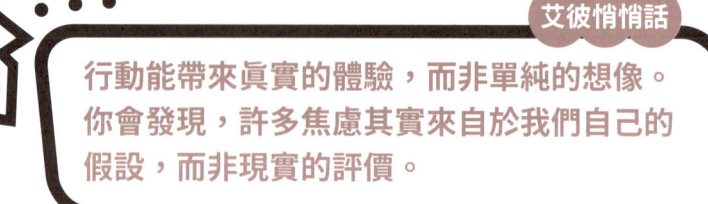

艾彼悄悄話

行動能帶來真實的體驗，而非單純的想像。你會發現，許多焦慮其實來自於我們自己的假設，而非現實的評價。

PART 03

容貌焦慮的成因，
需從生理、心理、社會
三個角度理解

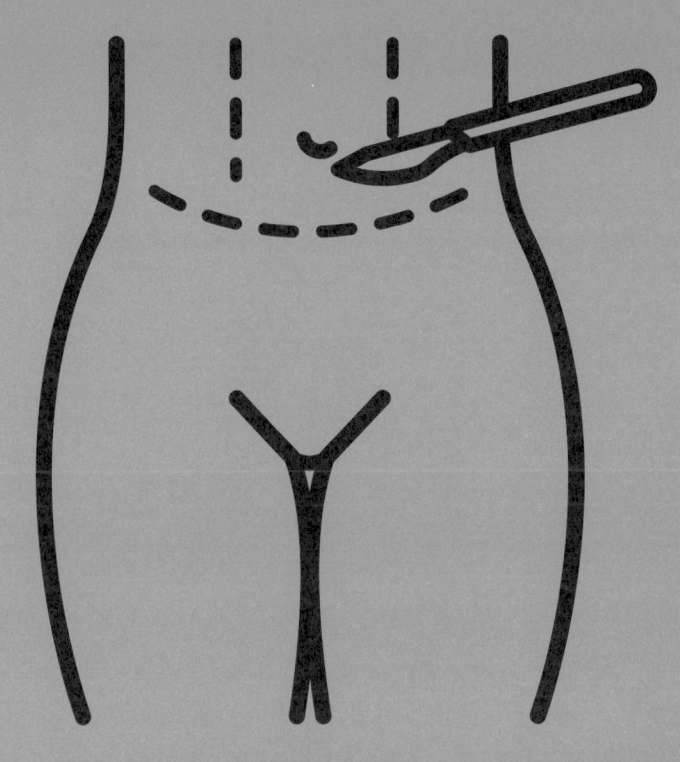

Chapter
09

做不完的整形：我的臉、我的身材，永遠有瑕疵！

＃醫美整形 ＃身體臆形症 ＃人際比較 ＃隆鼻

Story｜當「變美」成為無止盡的追逐，Nina 的快樂反而離得更遠

Nina 從小就知道，自己的鼻子「長錯了」。

家人總愛拿她和妹妹比較。妹妹的鼻子高挺、精緻，被稱讚「像媽媽」，而她的鼻子則較寬、較圓，家人笑著說：「這遺傳到爸爸了，蓮霧鼻會賺錢！」

雖然家人臉上帶著笑意，語氣輕鬆，像是在開玩笑，但 Nina 總能聽出語意背後的意味——那不是稱讚，而是一種委婉的遺憾與調侃。她知道，他們真正想說的是她的鼻子不夠精緻，不符合「漂亮」的標準。

從那時起，她便開始在意自己的鼻子。拍照時，她習慣低頭，讓鼻梁看起來更小一點；照鏡子時，她會用手指按住鼻翼，想像如果再窄一點、再高一點，會不會更符合大家的期待。

只要鼻子變挺了，一切就會變好？

如今，她躺在診所的燈光下，醫生拿著針筒，小心翼翼地在她的鼻梁上注射透明的填充物。她屏住呼吸，心裡滿是期待——她終於要變美了。

她一直相信，變美會帶來自信，帶來快樂，也帶來更好的人生。這個想法，來自社群媒體上無數個「術後分享」，來自那些光鮮亮麗

的自拍，也來自朋友們對美的嚮往。「如果我也變美，是不是一切都會不同？」她總是這樣自問。

當她照鏡子，看到鼻梁的弧度變得更立體，輪廓更精緻，她的內心湧上一陣興奮。這就是她一直渴望的樣子。

然而，這種興奮並沒有維持太久。

幾天後，她開始習慣了這個新的鼻型，也開始注意到自己臉上的其他「問題」。她盯著鏡中的自己，覺得眼睛不夠深邃，覺得下巴的線條還可以更流暢。於是，她開始思考下一步——也許應該再做個雙眼皮手術？或者嘗試一下瘦臉？

這場追求美的旅程並沒有盡頭

「變美了，但為什麼我還是不快樂？」

她發現，這場追求美的旅程並沒有盡頭。

她以為改變外貌，所有的不安都會消失，結果只是讓她的焦慮轉移。她開始害怕別人察覺她做了隆鼻手術，開始在朋友誇獎她變漂亮時，試圖揣測對方話裡的弦外之音。她甚至開始懷疑，這樣的自己還算「真實」嗎？

某天，她和家人共進晚餐，母親無意間提問：「妳最近看起來有點不一樣，是哪呢？」她的心猛地一緊，故作鎮定地笑了笑：「可能是最近比較注意飲食吧。」但內心卻開始翻湧，責怪自己為什麼這麼在意別人的眼光？

Nina 的工作是小學的美術老師，這天，學校要記錄一些上課的過程，因此到 Nina 教學的班級進行攝影。她坐在角落，習慣性地避免拍

> 心理學家托馬斯・凱許（Thomas Cash）指出，改變外貌不一定能帶來長期的滿足感，因為人們很快就會適應，然後轉而關注新的缺陷。凱許發現，多數有意接受整形手術的個體，通常對特定身體部位表現出較高的不滿意度，並將其視為主要治療目標。來自全球的研究也顯示，大約5%至15%尋求整形手術的患者符合身體臆形症的診斷標準。然而，研究發現，患有身體臆形症的個體在接受整形手術後，通常並不會減輕症狀；相較之下，沒有身體臆形症的患者則大多會報告身體意象的改善。
>
> 而布里克曼與坎貝爾（Brickman & Campbell）的「享樂適應（Hedonic Adaptation）」則說明了，人的快樂會回歸到原本的心理狀態，無論是獲得理想身材、變美，或是擁有更好的條件，透過與他人比較產生的「相對快樂」終究不會長久。

照，害怕相機捕捉到「不夠完美」的角度。直到一個學生拉著她的手，睜著大大的眼睛問：「老師，你為什麼不教我們畫畫？」

Nina 愣住了，沒想到自己的心思已經影響到她的行動。她猶豫了一下，還是接過了紙筆，開始和孩子們一起畫畫。當她看到孩子們用蠟筆畫出的笑臉時，她忽然意識到——這些孩子的快樂，並不是來自於完美的外貌，而是單純來自當下的喜悅。

那天回家後，她開始寫下自己的自我對話，記錄每一次她對外貌的不安，以及這些念頭如何影響她的情緒。她開始察覺，自己每天都在用「還不夠完美」的標準審視自己，而這個標準，永遠無法達成。

「符合主流美」和快樂沒關係

於是，她運用心理師給的建議，對著鏡子尋找自己最喜歡的特點，

無論是眼神的溫柔，還是嘴角的微笑，甚至是皮膚上的一點小雀斑。剛開始，她仍然忍不住挑剔自己，但慢慢地，她開始學會將注意力放在自己喜歡的地方，而不是那些「還不夠好」的部分。

她漸漸發現，快樂並非來自於外貌的改變，而是來自於她如何看待自己。

她依然喜歡保養，也不排斥微整形，但她不再認為這是通往幸福的唯一途徑。她開始將注意力放在真正熱愛的事物上，例如學習新技能、參與志工活動、與朋友共度時光。當她不再執著於「變美等於快樂」，她才真正感受到輕鬆。

變美，的確可以讓人更有自信，但如果我們的快樂只能建立在不斷改變外貌的基礎上，那麼這條路，將永遠沒有終點。

PRACTICE

內在價值探索

在社會強調外貌的聲音下,我們很容易忽視自身真正的價值。本練習幫助你專注於內在優勢,擺脫對外貌的過度依賴,培養穩定的自我認同感,讓你的自信來自於能力、個性和獨特的生命歷程,而非鏡子中的倒影。

步驟一　列出你的 10 個非外貌優點

請寫下 10 個與外貌無關的優點,可以是你的個性特質、能力、價值觀,或是你在人際關係中帶給他人的影響。例如:

我有幽默感,總能讓身邊的人開心。

我擅長傾聽,朋友願意找我分享心事。

我做事很有責任感,大家都信賴我。

我有創意,能提出新穎的想法。

我樂於助人,總願意給予支持。

步驟二　深入探索你的內在價值

從你寫下的10個優點中,挑選3個你最喜歡的特質,並寫下它如何影響你的生活,或是曾帶給你什麼樣的正面經驗。例如:

我的創造力很強,曾經自己設計了一份獨特的生日禮物,讓朋友感

動落淚。

我的耐心很好,讓我在帶領團隊時能理解並支持每個人的需求。

請選擇三個特質並寫下相關經驗:

1. 特質:＿＿＿＿＿＿＿＿＿＿＿＿＿＿＿＿＿＿＿＿＿＿＿＿＿＿＿
   影響:＿＿＿＿＿＿＿＿＿＿＿＿＿＿＿＿＿＿＿＿＿＿＿＿＿＿＿

2. 特質:＿＿＿＿＿＿＿＿＿＿＿＿＿＿＿＿＿＿＿＿＿＿＿＿＿＿＿
   影響:＿＿＿＿＿＿＿＿＿＿＿＿＿＿＿＿＿＿＿＿＿＿＿＿＿＿＿

3. 特質:＿＿＿＿＿＿＿＿＿＿＿＿＿＿＿＿＿＿＿＿＿＿＿＿＿＿＿
   影響:＿＿＿＿＿＿＿＿＿＿＿＿＿＿＿＿＿＿＿＿＿＿＿＿＿＿＿

步驟三　挑戰自己,將內在價值付諸行動

這一步驟將幫助你把對自己的認可轉化為行動。請從你的10個優勢中,選擇1～2個,並設定一個小行動,幫助你更實際地運用這些優點。例如:

我擅長傾聽 → 這週約一位朋友聊天,主動關心他的近況。

我有創意 → 這週挑戰自己畫一幅畫,或嘗試新的創作方式。

我樂於助人 → 參與志工活動,或在公司中主動幫助同事。

請設定你的內在價值行動計畫:

1. 選擇的優點:＿＿＿＿＿＿＿＿＿＿＿＿＿＿＿＿＿＿＿＿＿＿
   具體行動:＿＿＿＿＿＿＿＿＿＿＿＿＿＿＿＿＿＿＿＿＿＿＿＿

2. 選擇的優點:＿＿＿＿＿＿＿＿＿＿＿＿＿＿＿＿＿＿＿＿＿＿
   具體行動:＿＿＿＿＿＿＿＿＿＿＿＿＿＿＿＿＿＿＿＿＿＿＿＿

Theory 明明很美，卻總覺得自己不好看？為什麼會得到容貌焦慮症？

身體臆形症就是所謂生病的身體意象。比如，明明是很瘦的人，卻經常覺得自己很胖、需要減肥。明明已經在客觀條件上，都超越了一般人認同的「美麗」和「帥氣」的標準，卻仍舊覺得自己很醜陋、不好看。

目前對於身體臆形症究竟是如何形成的，學界有兩種假設。

人際創傷：曾因為外貌被霸凌

第一種是曾因為外貌被霸凌而產生的創傷反應。這個類型，很容易想像也很常聽到。

如果你曾遭受過和外表有關的攻擊與惡意對待，很容易會被勾起過度在意外貌的思考和感覺。在遇到陌生的人際情境時，會事先假定外觀上的明顯特徵，會讓自己在人際間受到拒絕與排擠。研究顯示，童年有過外表被嘲笑的經驗，長大後更容易產生身體臆形症。當事人會把被嘲笑的記憶，當作是「自己不好看」的真實證據，回想這些畫面時，當事人的感覺也比較栩栩如生、記憶猶新。當事人的大腦被扭曲的認知和感受重新編碼過了，因此，當事人在接收訊息上，更容易聯想到自己是因為外表的因素衍生了一連串的生活困境。

身體臆形症患者，也會迴避與他人的眼神接觸，一旦迴避與他人

的眼神接觸,就更容易產生對面部表情的錯誤解讀,對別人的意圖也會產生負面偏差,更容易陷入自覺被嘲笑的負面循環之中。

注意力缺失:選擇性地注意自己不滿意的部位

第二種假設是,視覺和大腦功能的失調,導致注意力缺失。

臨床觀察顯示,患有身體臆形症的人可能會出現知覺扭曲,因為他們感知到自己外表上的缺陷,而這些缺陷在其他人看來是不可察覺的或輕微的。這很可能表示,身體臆形症患者在視覺感知和視覺空間處理上都和一般人不同。

注意力缺失導致人們選擇性地注意到自己不滿意的部位,卻忽略自己滿意的部位。研究發現,身體臆形症患者會在自己不滿意的部位,讓視覺停留更長的時間。身體臆形症患者,也會把自覺變形的部位和別人的相應部位進行比較。意思就是,如果你特別在意自己的腰圍,就會把自己的腰圍和路人的腰圍進行比較,不斷地去比較誰大誰小。在腰圍上的停留時間會比較久,但會忽略其他的身體部位,即使再有優點,你也都會忽略它。

容貌焦慮者更容易注意臉部細節

有容貌焦慮的人,在看自己的臉或別人的臉時,大腦的反應跟一般人並不一樣。研究發現,他們特別容易盯著臉上的小地方,比如皺紋、毛孔這些細節看個不停,反而很難把整張臉當成一個「整體」來感受。

科學家用功能性磁振造影(fMRI)掃描大腦,讓受試者看不同版本的臉部照片,有些是模糊輪廓的大略版,有些是毛孔細節一清二楚

的高清版。結果發現，容貌焦慮的人在看這些照片時，左邊大腦特別活躍，尤其是控制細節分析、注意力分配的區域——像側前額皮質和顳葉，動得特別厲害。這意味著，他們的大腦天生就更容易「鑽牛角尖」，不停分析臉上的小缺陷。

另一個研究也發現，容貌焦慮的人在看自己照片的時候，大腦會比看別人照片時活躍得更誇張。尤其是掌管情緒反應、自我檢視的眶額皮質、和強迫行為有關的尾狀核，會異常地活躍。簡單來說，就是他們花了超多腦力在挑剔自己臉上的每個小細節，這也是為什麼他們那麼容易陷入自我懷疑和焦慮。

這些研究告訴我們，容貌焦慮不只是單純的「想太多」，而是大腦在運作方式上真的跟一般人不同。他們會無意識地把大量注意力耗在微小的外貌細節上，導致情緒壓力越滾越大。

變好看，就可以消除容貌焦慮？

身體臆形症，不只在一般人身上可以觀察得到。在俊男美女身上，也絕對可能發生。

以電影《變形金剛》（*Transformers*）崛起的好萊塢女星梅根・福克斯（Magan Fox），2023 年時曾對媒體說：「我患有身體臆形症，我從來沒有以他人認可我的方式來認可自己的外表。我一生之中，沒有任何一個時刻是我能感覺到很愛自己的身體或是覺得我的身體很美的。」說這段話的她，當時的身高是 163 公分，體重是 48 公斤。

因為出演 Netflix 影集《河谷鎮》（*Riverdale*）的女主角而走紅的莉莉・萊茵哈特（Lili Reinhart）曾經在 2018 年時公開於媒體上表示：「17 歲時，我開始冒痘痘。痘痘讓我覺得非常不自在，我曾經在黑暗

裡化妝，只是為了不想要看到自己的臉。」她也曾經在社群媒體上面發表自己貼著痘痘貼治療青春痘的照片。可以這樣大方承認與公開自己的困擾，不是一件容易的事，莉莉・萊茵哈特在 2022 年時再次對媒體說：「我目前還在努力學習，看待自己的身體時，用愛的話語取代自我批評。我好希望自己沒有出生在社群媒體這麼發達、且過度崇拜單一身形的年代中。」

不是只有女性會受到身體臆形症的影響，電影《暮光之城》（Twilight）的男主角英國男星羅伯・派汀森（Robert Pattinson）曾公開表示，「我身為一個男性，也會受到『完美身材』標準的影響，對身材感到極度焦慮，想透過節制飲食達到不可能的完美標準，我曾有兩個禮拜的時間除了水煮馬鈴薯，什麼都不吃。」他坦言，自己對沒有六塊肌這件事很不滿意，也很討厭上健身房，很討厭把衣服脫掉後看到鏡中不完美的自己時的感受。

容貌焦慮是一個明星等級的困擾

即使是風靡全球的天后級歌手泰勒絲（Taylor Swift），也都會因為身體意象議題而覺得困擾。她曾在 Netflix 紀錄片《美國小姐》（Miss Americana）中，坦承「每天看到自己的照片，對我來說並不好受」。影片中，泰勒絲回憶自己在 18 歲時，第一次上雜誌封面。當時雜誌的標題寫著「18 歲懷孕了？」所以泰勒絲把受到批評當作懲罰自己的開端，要求自己吃很得少或是不吃。

在台灣，也有越來越多明星願意透露自己曾經受到身體意象的困擾，包含小 S、許瑋甯、歐陽娜娜、閻奕格等等，都曾經因為擔心自己的外貌和身材在鎂光燈下不夠完美，而有過極端的減肥方式和行為。

所以，無論是被大眾認為好看或是不好看的人，都有可能錯誤地

以為自己「不夠好看」而對自己的外表有很多的批評，感覺羞於見人。在有身體意象困擾的情況下，勉強自己餓肚子、減肥，穿 XS 尺碼的人生，沒有比較好。在有身體意象困擾的情況下，不斷進行醫美手術，也不會讓自己感到滿足。

外貌焦慮、身體意象焦慮已經夠折磨人了，請別再自我打擊或對於求助難以啟齒。真心地說，你的焦慮，實際上是明星等級的焦慮，如果你願意深入理解自己並且進行分享，一定可以為許多抱有同樣困擾的人帶來力量。

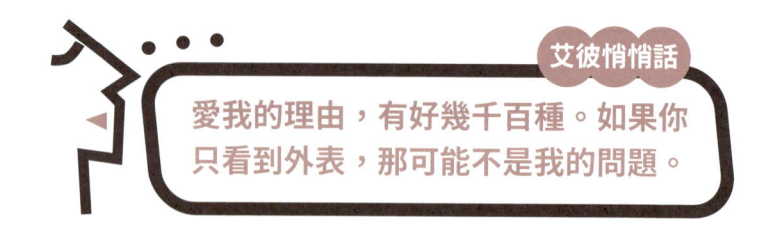

> **艾彼悄悄話**
> 愛我的理由，有好幾千百種。如果你只看到外表，那可能不是我的問題。

Chapter
10

芭比來到真實世界時,她對滿頭白髮的奶奶說「妳真美!」

#老 #白髮 #grombre #美魔女

Story　不染髮等於自我放棄？當白髮成為年齡歧視的象徵

美縈站在鏡子前，凝視着自己銀白交織的髮絲。48歲的她，從四十出頭開始，頭髮便逐漸失去原有的烏黑，呈現出現在的模樣。她對這種自然的變化並不抗拒，反而視之為生命歷程的印記。然而，周圍的人卻不這麼認為。

「你怎麼不去染一下？看起來比較有精神！」

「妳是已經放棄自己了嗎？」

「這樣不太專業吧？」

美縈是一名資深記者，長年在電視台工作，職業生涯中，她習慣出現在鏡頭前，報導新聞、主持專訪。她的專業能力毋庸置疑，但當白髮開始浮現，她察覺到，人們的焦點已經從她的報導內容，轉移到她的外表。「妳這樣上鏡頭會不會不夠有活力？」攝影師在錄影前輕聲地提醒她。

美縈開始意識到，社會對女性白髮有著特定的標籤。男性記者即使頭髮灰白，仍然被視為「資深」、「穩重」；而女性記者，若沒有維持年輕的外貌，就可能被視為「不夠精緻」、「失去競爭力」。記者的訓練，讓她下意識地反思——為什麼年齡的痕跡會變成需要掩飾的缺陷呢？

面對白髮如臨大敵

某一次拍攝後,助理笑著問:「姐,妳真的不考慮染一下嗎?上鏡頭時怕有點沒精神。」她微微一怔,這不是第一次聽到這類建議,但這一次,她內心竟然升起了一絲動搖。

不僅在職場,連生活中的各種場合也充滿了微妙的壓力。在超市結帳時,店員不假思索地問:「阿姨,妳有沒有帶會員卡?」儘管她知道自己已經到了「阿姨」、「歐巴桑」的年紀,但這頭白髮似乎會提前讓人替她貼上這樣的標籤。「妳不染髮,看起來老了十歲!」朋友繼續說:「我們這年紀,還是維持年輕的樣子比較好吧?」這些言語,讓她開始懷疑,選擇自然老去,竟成了與世界對抗的一種行為?

社會標準無孔不入,長期下來,美縈感受到一種無形的壓力。她開始避免照鏡子,害怕自己真的如別人所說,看起來「沒有活力」、「像是放棄自己」。她動搖了,考慮是否該買一盒染髮劑,把這些白髮遮住,讓自己看起來更年輕。

社會需要更多不同榜樣

某天,美縈坐在書桌前整理文稿,卻被筆電螢幕上的影像吸引住了。螢幕中的她正在播報新聞,語調穩健、內容流暢,但她的目光卻不由自主地落在自己的白髮上。錄影時的自己,真的顯得「沒有活力」嗎?

美縈腦海中浮現了一則她曾關注過的新聞——日本的資深主播近藤智,在 47 歲時決定停止染髮,以自然的灰白髮型現身於電視節目。這並不是一個簡單的選擇,尤其在日本這樣高度重視女性外貌的社會,這個決定引發了廣泛討論。有人認為她的舉動展現了獨立與自信,讓

年齡的痕跡不再需要被掩蓋，也有人認為，她的白髮與電視台塑造的專業形象格格不入。然而，她依舊堅持自己的選擇，甚至進一步公開表示，除了節目錄製與媒體採訪之外，她在日常生活中也盡量素顏，讓自己因更年期而變得敏感的肌膚得到喘息。她說，這並非對日本「美魔女」文化的否定，而是希望能夠用自己的影響力向大眾示範，「不需時時努力維持年輕」也是一種選擇。

明明美縈就曾經在新聞報導中，看過女性主播選擇不染髮也可以被尊重的決定，怎麼到了自己身上，不染髮就好像與專業為敵了呢？

> 年齡歧視（Ageism）是由美國老年病學家，也是國家老齡研究所（National Institute on Aging）的首位主任羅伯特・尼爾・巴特勒（Robert Neil Butler）所提出。年齡歧視，指的是社會對年長者的偏見與歧視，認為老化等同於衰退、無能與失去價值。當我們習慣性地將白髮與「邋遢」、「不專業」畫上等號，這種觀念不僅來自外界，也內化進每個人的心裡，讓人開始懷疑自己，覺得自己「真的不夠好了」。

專業與白髮並不違和

美縈領悟到，問題並不在於她的白髮，而是在於這個社會如何定義「專業」與「美」。她曾經以為，能力與內容才是新聞工作的核心，但如今，她發現自己不知不覺地被社會標準影響，甚至開始質疑自己的價值。

某天，美縈看到一篇報導，介紹了一個名為「Grombre（全名：going grey with grohm bray @grmbre）」的全球性運動，鼓勵女性勇敢地展示自己的白髮，視之為自然之美。年僅 26 歲的平面設計師瑪莎・特拉斯洛・史密斯（Martha Truslow Smith）是這個活動的發起人，她在

14 歲就發現自己有白髮，染了 10 年後決定放手，同時也開始經營起 Grombre 這個社群。

看到這些女性選擇不再染髮，坦然面對自己的年齡與外貌，美縈深受啟發。她開始思考，或許自己也可以如此自在地生活，不再被社會的標準所束縛。

她開始練習善待自己，接受自然老化，而不是將其視為需要修補的缺陷。她不再為了迎合別人而改變自己，而是選擇為自己而活。

美縈漸漸明白，選擇白髮，不只是個人選擇，更是對社會標準的溫柔抗議。

從那天起，美縈以不同的眼光看待自己的白髮。當有人再詢問她：「妳怎麼不去染一下？」她微笑著回答：「因為這才是現在的我。」

PRACTICE

辨識內化的審美標準

幫助自己識別內化的社會標準,建立屬於自己的專業與美的定義,減少因外界期待而產生的焦慮。

步驟一　識別內化的標準

1. 回想過去三次,當你因外貌或年齡感到不安的時刻。
2. 記錄當時的情境、他人對你的反應,以及你的內心感受。
3. 思考這些焦慮來自哪裡?是來自媒體形象、他人的評論,還是自己對於「應該如何」的期待?

比如:「同事建議我染髮,因為這樣看起來更有精神。我當時有點動搖,懷疑自己是不是看起來真的不夠專業。」

步驟二　重建自己的標準

1. 寫下你認為「專業」應該包含的特質,例如:專業能力、溝通表達、經驗等。
2. 寫下你認為「美」不應該只有外表,而是還包含什麼特質?例如:自信、成熟、氣質、個性。
3. 用這些特質重新定義自己的價值,而不是用年齡或外貌來衡量自己。

比如：「專業並不只是外表，而是我的表達能力和經驗累積。我能夠充滿自信地主持專訪，這才是我的價值所在。」

步驟三　將行動內化

1. 當有人評論你的外貌時，試著用中性的態度回應，例如：「這是我選擇的方式，我對自己的樣子感到自在。」

2. 參與支持多元美的運動，例如關注「Grombre」或其他鼓勵自然美的社群，尋找正向的榜樣與支持系統。

3. 當朋友問我為什麼不染髮時，我可以說：「即使有白髮，我還是我。」、「我選擇這樣。」

Theory

容貌焦慮的困擾,會隨著年紀而改變嗎?

很多人會問我,「容貌焦慮的議題是不是比較專屬於年輕族群啊?」用常識推論,可能會產生這樣的疑問。

然而,我所創辦的「超越鏡子」平台(beyondmirror.co)在 2024 年 6 月至 8 月期間所收集到的 501 份問卷之中,可以很明確地看到身體意象議題、容貌意象議題的受眾年齡分布,與一般人的常識判斷並不相同。

從這張圖中可以看出,容貌焦慮的議題,和年齡並沒有絕對的關係,不妨說這更是一個跨年齡層的議題。

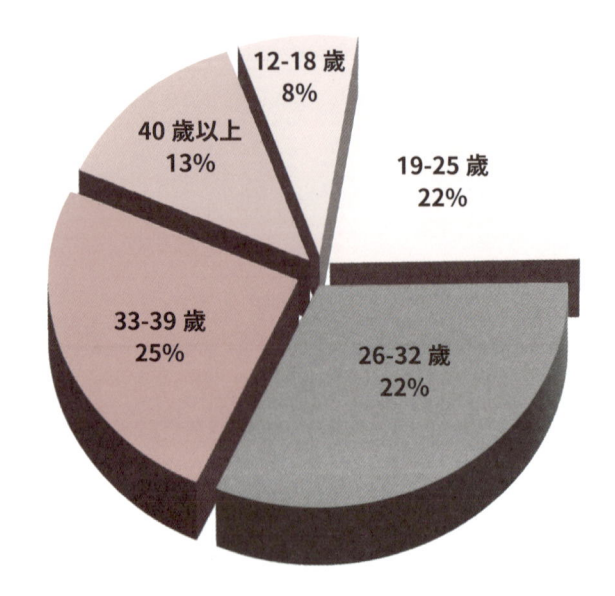

- 12-18 歲 8%
- 19-25 歲 22%
- 26-32 歲 22%
- 33-39 歲 25%
- 40 歲以上 13%

身體意象可以預測未來的身心健康

我們再來看看學者的研究,是否切合「超越鏡子」的調查。

兩位澳洲學者,研究了不同年齡組的女性自尊與身體不滿意度之間的關聯,發現 30 至 49 歲女性中,這種關係比 30 歲以下的女性更為強烈。

此外,20 歲到 34 歲、35 歲到 49 歲的女性族群,兩者都同樣會報告自己有低自尊與高身體不滿意度的現象。35 至 49 歲女性的自尊與身體不滿意度之間的關聯性,甚至比 20 至 34 歲女性更高一些。

另一位學者則找來從 20 歲到 79 歲的受試者,每 10 歲分為一個組別,研究美國男性和女性的身體意象、身體不滿意度和自尊等關聯。結果發現,這三者之間的關係並未隨著年齡或性別的變化有所改變。甚至,每個年齡層都認為外貌對他們很重要,而不像是外界所假想的年齡越大越不在意外表。

心理學教授瑪麗卡・提格曼(Marika Tiggemann)以澳洲女高中生為研究對象,分別在研究進行當時與兩年之後,對她們進行自陳量表的施測,取得女高中生的自尊與身體不滿意度等數據。提格曼發現,研究當時的身體不滿意度,可以有效地預測兩年後女高中生的自尊變

受試者	調查項目	施測時間點	2 年後追蹤	結論
女高中生 A	自尊	高	低	高自尊對身體意象沒有保護能力。
	身體意象	低	低	
女高中生 B	自尊	低	高	正面的身體意象,對自尊有提升的效果。
	身體意象	高	高	

化。但是,研究當時取得的自尊,卻和日後的身體不滿意度變化無關。

從前面幾個實驗中,可以知道,年齡不是一個關鍵的影響變項,如果沒有適當的介入,容貌焦慮很可能不會隨著年齡而有所改善,也不會因為變老一點,就自然地不在意外貌或身材;更不會因為年紀大了,就可以自然地和身體產生好的關係,擁有好的身體意象。

對老化的擔憂與汙名

青少年期間出現第二性徵等等的改變,較顯而易見,也容易想像。但對於成年期的男女來說,如果曾經遭逢過重大的意外事件,如:車禍或燒燙傷。或是因為年紀漸長如癌症化療放療落髮、乳房切除手術等等,都可能造成外表的改變,並導致個人必須重新接受自己的身體狀態,學習用新的身體來建立人際關係和生活。

身體意象困擾,和年紀並無絕對的關聯。並非因為年長,就可以從身體意象困擾中倖免,反而也可能因為各種生活事件的累積,導致他們需要和新的身體狀況相處,進而引發他們的身體不滿意感。另外,社會對於「老」本身就有一些擔憂與汙名,如:老了沒有效率、老了沒有衝勁、老了記憶力變差,所以人人都避免讓自己在各種場合看起來「老態」、「顯老」。

加上各種抗老科技的發達,會讓大眾認為「控制外表不要顯老」是可以做到的、是自己的責任,而這種行為無疑會讓大眾對於「各種皺紋」的接納度降低。如果在這種社會氛圍底下長期生活,僅僅只是年紀增長,也是絕對不可能讓「容貌焦慮」自然消退的。

電影《芭比》（*Barbie*）裡面，有一幕是芭比來到真實世界，和一個老奶奶坐在長凳上。芭比看著老奶奶說：「妳好美。」奶奶也對她抱以微笑地說：「我知道。」我真心期盼，有一天這個社會可以對「老」不再有那麼多偏見與歧視，也許這樣，大家對於「老化」的恐懼不僅會降低，也會更有抵抗力跟「容貌焦慮」說掰掰。

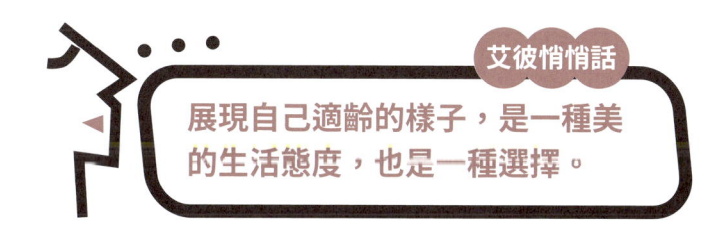

> **艾彼悄悄話**
> 展現自己適齡的樣子，是一種美的生活態度，也是一種選擇。

Chapter
11

肌肉、速度,還有被忽略的身體焦慮

＃運動員 ＃卡路里 ＃體態控制 ＃心理彈性

Story 競技場上的隱形壓力：運動員的體重迷思與健康危機

　　17 歲的明宴，是田徑隊裡公認的「速度王」。他的爆發力和穩定性不僅讓團隊多次奪冠，也讓他成為了學校裡的風雲人物。然而，隨著全國賽事臨近，教練的一句話卻成了他心裡的魔咒：「如果你能再瘦兩公斤，速度可能會更快，比賽也更有希望拿名次。」

　　聽到這句話，明宴開始覺得，自己的體重成了最大的問題。他每天盯著體重計，記錄每個變化，體重的上下浮動不僅影響他的心情，甚至左右了他的信心。他決定盡全力瘦下來。

　　明宴的減重方法，與其說是管理，不如說是一場與自己身體的「內戰」。他跳過正餐，只吃低熱量的食物，甚至完全避開碳水化合物。他停止了所有零食，將飢餓感視為「成功的象徵」，每次肚子餓的時候，他都會告訴自己：「再忍忍，這是為了更快的速度。」

　　一開始，這些方法似乎有些成效。一週後，體重果然下降了。明宴因此感到短暫的滿足，但身體的警報也隨之響起。他開始覺得訓練時的專注力減弱，腿部的爆發力也不如從前。有時候，他甚至覺得腦袋昏沉，注意力無法集中。即使這樣，他仍然認為自己不夠努力，稍微多吃一點都會讓他感到內疚。

陷入「運動員的危險三角」困境

這種極端的生活方式讓明宴的身心狀態全面失衡。在一次模擬賽中，他的成績創下了生涯新低。比賽當天，他的雙腿像灌了鉛一樣，根本無法正常發揮。「一定是因為我還不夠瘦。」這樣的念頭像陰影般籠罩著他，讓他陷入深深的自責與迷茫。他開始懷疑，自己是不是已經不再適合這條路。

明宴的狀況其實與「男性運動員的危險三角」（Male Athlete Triad，MAT）密切相關。這是一個專門描述運動員健康問題的概念，由能量不足、骨骼健康受損和賀爾蒙不足三部分組成。當運動員長期處於低能量攝取狀態，身體無法獲得足夠的能量來支持運動和基礎代謝，身體就會進入「節能模式」，以優先維持基本生存功能，但犧牲了運動表現和恢復能力。此外，能量不足還會干擾骨骼的修復和維持，導致骨密度下降，增加壓力性骨折的風險。更重要的是，對男性運動員而言，長期能量不足可能抑制睪固酮的分泌，影響肌肉品質及情緒穩定，進一步加劇運動表現的惡化。

雖然「運動員的危險三角」最初被用於女性運動員，但男性同樣容易受到影響，特別是在體重敏感的項目（如：摔跤、舉重）或對體型有高要求的運動（如：體操、馬拉松）。明宴的經歷正是一個典型的例子，他因過度關注體重而陷入能量不足的陷阱，隨之而來的便是身體功能的全面失衡，包括運動表現下降和心理健康受損。這提醒我們，運動員的成功不能僅靠外部標準或短期表現，長期的健康和能量平衡才是他們真正能持續發揮的基礎。

心理狀態影響生理表現

在長期的壓力和失衡後，明宴的情況凸顯了一個關鍵問題：如何

幫助運動員走出體重焦慮的泥淖，重新找回平衡？答案在於結合科學的管理與心理的重建。

首先，他需要理解，體重並不是比賽成功的唯一因素。科學的體重管理是關鍵，特別是在高強度的競技運動中，能量攝取和消耗中間的平衡尤為重要。明宴需要在專業營養師的指導下，制定科學的飲食計畫，確保訓練後能量的及時補充。只有這樣，他的身體才能有足夠的儲備應對高強度的賽事。

其次，教練的角色也需要重新調整。在運動員的成長路上，教練是不可或缺的指導者，但教練的言語往往也能對運動員的心理產生深遠影響。對於明宴這樣的選手，教練應該更多地關注他的技術改進和整體表現，而非單純將焦點放在「瘦」上。建設性的反饋能幫助運動員建立信心，避免讓他們陷入無謂的壓力中。

更重要的是，明宴需要透過心理訓練來提升自己的心理彈性。

> 心理彈性（Psychological Flexibility）是一種應對壓力的能力，幫助個人在困境中保持適應性，並專注於長期的可控目標。對明宴來說，他需要學會接納比賽中的不確定性，並將注意力從體重的數字轉移到訓練的過程和自身的進步上。當他能夠專注於內在動機，而非外界的期待時，他的壓力自然會減少。

最後，建立正向的身體意象也是不可或缺的一步。運動員需要學會欣賞自己的身體，不僅是它的外觀，更是它的功能和能力。透過專業心理諮商，明宴可以重新了解到自己的身體價值，從「批判」的認知轉向「鼓勵」，這樣的改變不僅能幫助他提升心理健康，也能讓他重新找回運動的快樂。

明宴的故事，是無數運動員在追求卓越時曾面臨過的困境的縮影。體重焦慮看似是一個數字問題，實則反映了運動員在壓力下對自我價值的迷失。成績固然重要，但健康和心理的平衡，才是運動員真正能夠長期發展的基石。

　　運動的價值，不僅在於贏得比賽，還在於讓人找到熱愛並享受過程。當運動員能夠擺脫狹隘的標準，專注於自我提升和多元價值，他們才能真正釋放潛力，跑出屬於自己的最佳人生。因為成功，不僅僅是金牌與數字，更是內心的滿足與健康的延續。

PRACTICE

人生優勢地圖練習

透過建立更具細膩度的「人生優勢地圖」，幫助當事人全面認識自身的價值與能力，減少對外貌的過度關注，並強化對人生的掌控感。

步驟一　畫出你的「人生優勢地圖」

在紙上畫一個圓，將其分成四個或更多領域，例如：

1. 職業與學業（象徵專業能力、成就、學習動力）
2. 家庭與人際（象徵支持系統、情感關係、親密互動）
3. 興趣與熱情（象徵創造力、嗜好、對生活的探索）
4. 個人成長（象徵心理素質、價值觀、應對壓力的能力）

在每個領域內，寫下你的優勢或資源，例如：「我擅長分析問題並找到解決方案」、「我的家人總是支持我的選擇」、「我擁有強大的學習能力，不斷進步」。

這張地圖可以成為你的「自我肯定視覺化工具」，讓你看到自己擁有的資源，而不僅僅是外貌的影響。

步驟二　深入發掘你的獨特價值

在優勢地圖中，挑選3～5項你最自豪的特質，然後寫下這些特質如何影響你的生活，例如：

「我擅長溝通」→ 這讓我在人際關係中能夠更自在地表達自己。

「我有強烈的好奇心」→ 這讓我勇於學習新事物，不害怕挑戰。

「我有耐心」→ 這幫助我在困難時期保持穩定，不輕易放棄。

透過這個步驟，將注意力從外貌轉移到你真正的能力與內在價值上，強化你的自信心。

步驟三　建立「每日肯定習慣」

每天花2分鐘閱讀你的「人生優勢地圖」，提醒自己：「我的價值來自於我擁有的能力與內在特質，而不是我的外貌。」

在日記或筆記本中，記錄當天你如何展現了這些價值，例如：「今天我用耐心幫助了一位同事解決問題，這讓我感受到自己的影響力。」、「我在壓力下仍然保持冷靜，這證明了我具備應對挑戰的能力。」

Theory

對身體的規範，從「#thinspiration」、「#bonespiration」轉變成「#fitspiration」

　　人們對於肌肉的強調與執著，這幾年隨著健身產業的蓬勃，已經從男性族群擴展到女性族群了。這種趨勢，可以從女性運動服飾市場獲益上觀察到，該市場在 2018 年的估值已經超過 1,500 億美元。服裝，某種程度可能反映了女性希望符合健美身形的現象。

　　研究者以發表「#fitspiration」的女性作為研究對象，再次證實，個體對於瘦身、肌肉量有高度的渴望，通常也擁有較高的身體不滿意度，並已達到強迫運動的標準。

　　「#fitspiration」一詞，從 2013 年開始，成為 Instagram 上的熱門詞彙。「#fitspiration」是「健身」和「靈感」的混合字，最常見的貼文是呈現運動、健身前後的身體自拍照，作為自己體型改變的對照基準。例如，21 天練出馬甲線、15 天靠牆練習擁有鉛筆腿，這類的內容，都屬於「#fitspiration」貼文強調的範疇。

　　這個詞彙的前身，還有另一個稱作「#thinspiration」的詞，這是一種鼓勵人積極減肥瘦身的內容，強調「瘦」才是唯一的美。甚至會拍出剩餘的食物照片，貼出「多吃一口都罪大惡極」或「寧願餓死，也不願肥胖共存」的極端內容。

　　同時，「#bonespiration」也因應而生，貼文強調像是紙片人一般、極端瘦弱的體態，才能被稱為「美」。「#thinspiration」與

「#bonespiration」因為過度推崇瘦弱的體型，容易引發「厭食」、「極端節食」等不健康行為，而受到大眾的批評。

搭著健身熱潮的新詞彙，實際上卻未脫離舊概念

因飽受批評，之後才以「#fitspiration」這個詞彙在網路上再度捲土重來。內容從減肥，轉變成積極追求健康與愛自己等內容，雖然仍然強調「瘦身」，但貼文看起來卻像是更加注重健康飲食與運動。

「#fitspiration」風潮興起後，社群媒體充斥著「健美體態」的照片與影片，其中最常見的是「前後對比」的身體自拍照，用來展示透過運動或健康飲食後體態的變化。貼在社交媒體的內容，表面上專注於倡導積極和健康的生活方式，但貼文者通常透過肌肉分明的身體來表現自己有多積極努力地追求健康。研究者甚至發現，發表「#fitspiration」社交媒體內容的女性，比發表旅行照片的女性表現出更高的強迫性運動態度。研究也顯示，強迫運動與瘦身動機和理想化身形價值觀內化有高度關聯。

這些影像不再推崇骨瘦如柴的身形，而是轉向帶有肌肉線條的身形。表面上看起來更健康，但學術研究發現，參與「#fitspiration」貼文運動的女性，往往會加深對自己身體的不滿意和負面情緒。研究者指出，「#fitspiration」影像所推崇的其實是「完美身材」而非真正的健康。一些學者甚至將這種運動型或健美外表理想比作「披著羊皮的狼」，因為這些看似代表健康生活和女性賦權的外表目標，其實有著潛在的害處。

是在追求健康？還是在追求瘦？

研究指出，在這些網路風潮的背後，往往有特定產業的推波助瀾

與目的。貼文瞄準的族群主要是青春期及成年初期的女性,而這個階段的年輕女性對於自我形象、身材、外表特別關注,也特別脆弱和敏感。

發表照片並使用「#fitspiration」標籤的女性,更可能採取對她們身心健康有害的飲食型態和運動行為。發表「#fitspiration」圖片的女性當中,有 20% 被研究者認為有高度罹患飲食失調的風險。即使她們看起來生活方式很健康,並有著健美的外貌,也會定期發表受到社會文化鼓勵的貼文。但這些行動,卻一再地讓發文者將限制飲食、飲食失調,和強迫運動變得更加合理化。

心理學教授瑪麗卡・提格曼的研究也顯示,IG 中以「#fitspiration」為標籤的照片存在多項負面影響。「#fitspiration」中的女性身體類型非常單一,都是看起來很瘦且肌肉線條分明的體態。研究已證實,大量地接觸理想化的纖瘦照片、影片會讓個人對自己的身體更不滿意。而除了瘦之外還須結實的要求,是對女性更為嚴苛的。

提格曼於 2011 年提出社會文化模型,解釋理想化身體影像為何對身體意象有害。主因是觀看的青少女,對身材容易進行「向上比較」,而對自己更加不滿。此外,社會比較理論指出,人們進行比較的參照點,通常會選擇與自己背景較為「相似的」同儕,進而讓人更加不快樂。

「#fitspiration」貼文之中,有三成是男性影像。這些男性同樣呈現單一體型,身材中等,且肌肉很發達。研究也顯示,太長時間接受這些理想影像,也會導致男性討厭自己的身體。

「#fitspiration」貼文強烈暗示只有某種體型才算健康或有良好體能,致使人們採取過度減肥、過度運動等行動追求理想體型,或讓不

符合理想體型的人「放棄」改善健康與體能的努力。

大多數影像與健身有關，但只有 25% 是正在進行運動的人。大多數影像，只是聚焦於特定身體部位，例如：腹肌或腿部線條，而非整體人像與他所從事的運動。長時間暴露於「物化」影像會讓人有更高的身體焦慮感、身體不滿意感，並且更常出現自我物化的行為。

近乎自虐的極端運動和飲食

有些「#fitspiration」的標語與格言，傾向鼓勵以極端的飲食控制與運動方式達成目標，甚至將近似自我虐待的行為視為值得讚許的意志力展現。這種風氣容易讓人產生過度運動的心理壓力，甚至會無視身體的疼痛與受傷而繼續運動，甚至在休息時感到內疚。對他們來說，運動帶來的痛楚反而成為了成就與快樂的來源，進而加深了強迫運動的習慣。

這些內容也傳遞了一種過度重視外貌吸引力的價值觀，導致人們對自己身體的缺陷過度放大關注，可能進一步演變為更嚴重的心理困擾，與外貌相關的焦慮、憂鬱與自我價值感低落，將接踵而至。「#fitspiration」的風潮，表面上標榜健康，其實往往是為了追求一種理想化的體態形象。一旦無法達到預設標準，便容易陷入自我否定與情緒波動的惡性循環。

極端的飲食控制，也存在於「#fitspiration」的內容之中，有些參與者會為吃剩的食物拍照上網，透過貼文讚許自己今天「少攝取」了多少卡路里。這群發表貼文的青少年男女，也可能會透過非正式管道，取得未獲批准的瘦身藥物，長期使用亦可能對身體產生不良影響。

當運動與飲食變成強迫行為，就會開始蔓延到當事人的生活、人

際關係之中,容易損害心理及社交健康,並使人對日常生活的滿意度降低,影響生活品質。從這些影響可以看出,「#fitspiration」的「健康」形象或許只是一層包裝,背後仍然隱藏著與「#thinspiration」相似的壓力,讓人產生不健康的身體意象。

以「健康」之名包裝的完美身材壓力

「#fitspiration」表面提倡健康與積極生活,實際上卻可能延續了「#thinspiration」的問題,將追求完美身材的壓力以另一種形式強加在女性身上。這種風潮雖然以「健美」為外衣,背後依然隱藏著對理想體態的執著,容易加深對身體的不滿意與負面情緒。參與者可能因過度運動或極端飲食而損害身心健康,甚至影響生活品質與自我價值感。

當運動與飲食成為強迫行為,壓力將逐漸蔓延至心理與社交層面,讓所謂的「健康生活」成為無法承受的負擔。「#fitspiration」或許只是包裝更精緻的身體意象壓力,它的「健康」形象值得我們重新審視與反思。

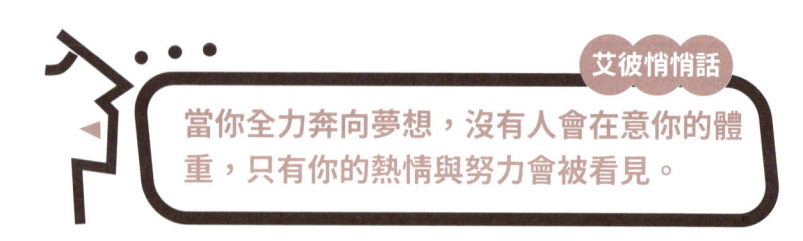

艾彼悄悄話

當你全力奔向夢想,沒有人會在意你的體重,只有你的熱情與努力會被看見。

Chapter
12

肌肉崇拜:健身文化的身體焦慮

#健身增肌 #肌肉成癮 #強迫運動

Story　當健身不再只是健康，而是補償不安

20 歲的小天是一個認真且努力的學生，在課堂上總是名列前茅，表現出色。然而，他對自己的身高極度地不安。小天的身高只有 168 公分，這讓他在成長過程中無法擺脫自卑感。

從高中時期開始，小天的身高便成為同學們的玩笑話題。在體育課上，高個子的同學總是搶占籃球場上的鋒頭，而小天則經常被分配到防守底線的位置。有一次，一位隊友拍著他的肩膀開玩笑地說：「小天，別怕，躲在後面就好，反正沒人看得到你！」這句話引來全場哄堂大笑，但卻深深地烙印在小天的心裡，成為他日後焦慮的根源之一。

用強壯的肌肉取代身高的劣勢

漸漸地，小天開始內化這些外界的嘲諷與批評，認為既然自己的身高不足以展現男性的力量和吸引力，那就要從肌肉下手。於是，他決定靠健身來補償劣勢。「如果我能練出強壯的肌肉，別人就會把注意力放在我的身材上，而不是我的身高。」這樣的想法成為他每天投入健身房揮汗如雨的動力。他每天花上三個小時鍛鍊，希望藉由強化體格來獲得他人對自己的認可。

大學期間，小天遇到了馨然，一位身高 175 公分的高䠷女生。馨然自信的氣質和出眾的外貌深深吸引了小天，兩人很快便開始交往。這段戀情讓小天感到前所未有的滿足，他認為自己和馨然在一起時顯

得更高大了。然而,隨著關係的深入,小天的內心卻開始產生新的焦慮。他擔心自己「不夠好」,無法真正配得上馨然。這樣的壓力時常折磨著他,尤其在某次兩人晚餐後散步時,遇到了一群喝醉酒的男生對馨然吹口哨甚至試圖搭訕。儘管小天心中怒火中燒,但最終他只低聲對馨然說:「我們走吧。」回到家後,他站在鏡子前怒視著自己的身影,自責地問自己:「如果我再強壯一點,是不是就能保護她?」

這樣的事件使小天更加執著於健身,他不僅加倍訓練,還開始大量補充蛋白質,想要更快地塑造出完美的肌肉線條。他堅信,只要自己看起來夠強壯,就能為馨然帶來安全感,讓自己變得更有力量。然而,這種強迫式的鍛鍊卻讓他陷入了無法擺脫的壓力之中。

運動成癮不是好習慣嗎?

只要一天不去健身,他就有強烈的罪惡感。有時甚至不顧身體的不舒服或症狀,連休息的時間都不願意給自己,只知道要往健身房衝。也因此兩人之間產生了許多摩擦,最終還是分手了。

某天,小天在朋友的聚會上無意間得知,馨然在分手後曾對他人提及:「其實我早就看出來,小天每天練肌肉,並不是因為熱愛健身,而是因為他自卑,害怕自己配不上我。」這句話如同當頭棒喝,讓小天陷入深深的羞辱與反思之中。他一方面覺得自己的努力被完全否定,另一方面也不得不承認,馨然的話點出了他內心深處的痛點。

回想起那些日子,小天意識到自己並非因為真正的熱愛而投入健身,而是帶著補償心理試圖掩蓋自己的不安與自卑。他每次站在健身房的鏡子前,看見的不是自己的進步,而是自己尚未達到的完美標準。他開始思考,這樣的行為是否真的能夠改變他對自己的看法?是否真的可以有效地解除他對身材的焦慮?

補償性的擇偶條件

從小天的濾鏡出發，他看到的世界裡，馨然是一個外在條件比他更好的理想對象。過去就被人嘲笑身高的他，總覺得身高是自己的明顯弱項。和馨然交往，好像「高攀」了。這一點，考驗了小天內在的「配得感」，小天內心深處覺得自己需要證明自身條件夠好，才能配得上馨然這樣的伴侶。他將自我價值與自己的外在條件、伴侶的外在條件緊密掛鉤，導致他對健身產生了過度的執著。

小天在身高這件事上，一直都得不到正面的回饋，偶然投入了健身以後，卻發現可以透過規律的鍛鍊，更加認定自己是「一個有恆心的人」、「一個積極努力的人」，用這些特質去肯定自己，補足在身高上感到的自卑。

其實，在內在增強自己這些行為特質，並沒有什麼錯誤。只是面對鍛鍊時，小天太過極端，沒有辦法忍受自己有一天的休息，認為即使生病、受傷了都還可以去鍛鍊，才是「真男人」的表現。他完全沒發現，肌肉已經從力量的象徵，悄悄變成捆綁他的新價值觀了！

儘管前女友的批評刺耳，但卻促使小天從另一個角度重新審視自己的行為。他逐漸意識到，自己的焦慮並非來自身高或肌肉的不足，而是源於對自我價值的懷疑。他開始反思：「為什麼我總是以外在條件來定義自己？為什麼我無法相信，馨然是因為喜歡我的內在而選擇和我在一起呢？」在心理師的引導下，小天開始學會接納自己的不完美，願意對自己更寬容一些，刻意安排休息，也盡量調整自己的心態去面對「休息」以及「不鍛鍊」的天數。

現代男性在東西方雙重審美價值的壓力下，往往會產生補償心態，試圖透過外在的改變來掩蓋內心的不安。小天曾以為，只有透過強壯

的肌肉，才能讓自己變得有吸引力並贏得他人的認可；但最終，他明白了真正的魅力來自內在的力量與接納自我。「我不需要證明自己配得上誰，因為我的價值早已存在於我內心。」這段經歷使他擺脫了對外貌的執著，學會了與不完美的自己共處，最終找到了真正的自信與平衡。

PRACTICE

發展核心自我價值

本練習的目的在於學習發掘內在優勢,並逐步建立對自己的正向認同感。

步驟一　建立核心自我價值感

請準備一張紙或筆記本,畫一個圓圈,在圓圈中央寫上「我的價值」,然後在圓圈外圍畫出五個分支,每個分支代表你不同的價值來源,例如:

個人特質(善良、幽默、有責任感……)

專業與技能(寫作能力、邏輯思考、領導能力……)

人際關係(朋友的支持、家庭的溫暖……)

興趣與熱情(健身、閱讀、藝術創作……)

人生經驗(克服挑戰的經歷、學到的教訓……)

並試著反思,這些價值當中,哪些與外貌完全無關?過去是否曾因這些價值受到他人肯定?

步驟二　挑戰對外貌的執著

請思考並記錄以下問題：

1. 如果外貌真的決定一切，為什麼有些人能在不符合「標準」的情況下，依然充滿自信、獲得成功？
2. 有沒有一位你很欣賞但外貌並不「完美」的人？他或她的魅力來自於什麼？
3. 你曾因為哪項內在特質或能力而被稱讚？回憶這些時刻，記錄下來。

步驟三　為未來的自己行動

寫下你未來可以做的三件事，幫助自己減少對外貌的焦慮，提升自我認同感。例如：

1. 專注於發展某項興趣（如：學習一項新技能、參加志工活動）
2. 培養新的健康習慣（如：睡眠規律、冥想、運動但不過度執著身材）
3. 遠離容易引發焦慮的社群媒體內容（如：停止關注過度美化外貌的帳號）

每週回顧一次你的進展，檢查你的觀點是否有所變化。

Theory 不運動會有愧疚感？即使變瘦了，也很難真的喜歡自己

雖然大部分的研究，都是呈現運動對個人身心健康的幫助，而且運動確實能夠減少憂鬱和焦慮症狀，也能降低得到慢性病的機率，更能夠增進治療中的患者的體力，讓他們能順利進入接下來的手術或是復健療程。但在這裡，我想與你分享一個，運動可能反而造成傷害的觀念。

運動成癮，也叫做強迫運動（Compulsive Exercise），經常和飲食疾患（如：暴食症、厭食症）一起出現。歐洲心理學教授佐爾特‧德梅特洛維奇（Zsolt Demetrovics）和精神科醫師塔瑪什‧庫里邁（Tamás Kurimay）長期關注運動成癮問題，他們的研究指出強迫運動和飲食失調表現出很高的共病率。大約 39% ～ 48% 的飲食失調患者會進行強迫運動，這表示兩者之間存在很高的重疊比例。美國國家飲食失調協會（National Eating Disorder Association, NEDA）為運動成癮做出了以下的定義：

1. 運動已經明顯變成生活中最重要的事情，並排擠到生活中的重要活動，如：想節省下與家人和朋友相處的時間，做與運動有關的事情。

2. 當無法按照計畫進行運動時，會感到強烈的焦慮、抑鬱、易怒、內疚感或痛苦。

3. 維持過度、僵化的運動計畫或運動量，無論遇到什麼情況都不會更動運動行程。

4. 使用運動作為一種清除的手段，如：想用運動消耗多吃進去的卡路里。

5. 以運動作為自己可以吃什麼食物的許可，如：做了 100 下引體向上，可以吃一片麵包。

6. 在運動當下覺得自己做得還不夠好、不夠快，或者沒有盡全力。

7. 在個體不能運動或休息時，會有不適感。

8. 即使受傷或生病也要去運動。

多數人擁有負面身體意象，且對運動抱持極端態度

身體意象可能會明顯影響一個人的身體活動的範圍與活動程度。擁有正面身體意象的人通常會因為期待活動身體為自己帶來的益處，和從活動中得到的信心，而主動地參與可以活動身體的項目。問題是，從調查來看，擁有負面身體意象者，顯然較多。

根據研究，在 13 歲時，53% 的美國女孩對自己的身體感到不滿意。到了 17 歲，這個比例上升到 78%。當被問及「你對自己的身體感到滿意嗎？」時，竟有大約六成的 60 多歲女性會回答「不滿意」。

40% ～ 60% 的小學生女孩擔心自己的體重或擔心變得「太胖」。近六成女孩表示對自己的體型不滿，66% 表示希望減重。46% 的 9 ～ 11 歲女孩表示自己正在節食，正在節食的女孩當中有 82% 表示，自己的家庭成員也經常在節食。

2024 年兒福聯盟公布「臺灣兒少的社群時代容貌焦慮」調查即指

出,有高達 71.1% 的國高中生對自己的身材感到不滿意,近 60% 會嘗試透過穿搭、減肥、保養來改變外表和身材。57.8% 的國高中生認為自己應該增重或減重才會達到心中完美的樣貌。

英國的大衛・馬克蘭(David Markland)與大衛・英格爾杜(David Ingledew)做過一項研究,探討青少年運動時的自主動機。他們根據「自我決定理論」為理論基礎,假設一個人如果「認為」自己的體型不符合主流審美標準時,這個人可能會在運動的過程中產生心理壓力、負面情緒,而降低想去運動的動機、自主性。

他們找來 50 位男生和 48 位女生(平均年齡約落在 17 歲),請他們填寫問卷,內容包括:運動時的動機、自認體型與理想體型的差距、BMI,以及平常的運動頻率。結果發現,對男生而言,自發性想去運動的動機,會同時受到體重和體型差距的影響。對女生而言,自發性想去運動的動機,跟體型差距有很大關聯。這顯示,社會對青少年男女體型的要求,的確會影響青少年對運動的態度和他們是不是願意「動起來」。

負面身體意象者,害怕自己的身材會引人側目或身體的活動不如預期會遭受他人批評,因此盡可能地避免去到需要活動身體的場合,如:健身房、體育場、舞蹈教室。

相反的也有可能,當事人期待可以透過運動消除熱量,用過度運動的方法,希望可以多瘦幾公斤,卻忽略了身體需要休息的事實,即使身體受傷了,也堅決要去運動。外貌至上的社會底下,越來越多人將身體視為可以任意改造的裝飾品,導致運動與身體意象之間的病態關聯日益嚴重。

當運動成為壓力，肌肉成為病態的追求

歐洲學者奧內拉・科拉札（Ornella Corazza）的研究顯示，11.7% 的健身族達到運動成癮的標準，38.5% 健身族有外貌焦慮、甚至已達身體臆形症標準，在停止健身後出現了心悸、情緒波動等症狀。近四成受試者沒有經過醫療諮詢，就會使用各類健身補充品，且認為對身體有幫助。健身中心的環境可能促使自我物化，讓追求理想體態的人更易出現身體不滿與病態追求肌肉的行為，例如：肌肉成癮（Muscle Dysmorphia）和強迫運動。因此，及早識別和介入，避免原先追求健康的行為演變為病理性問題。

大眾有一個普遍的迷思是，外貌反映了個人的內在狀態。比如，自律與否？心情好壞？日子是否愜意？在你原先假設的前提下，外貌管理、堅持運動變得尤為重要。因此，停止強迫運動可能變得更困難，因為減少運動意味著沒有意志力、不自律、自我放棄，停止運動，讓人擔心在他人面前的印象與呈現。這些信念，都容易引發強迫運動、肌肉成癮。

美國心理學教授克莉絲汀・霍曼（Kristin Homan）和崔西・泰爾卡（Tracy Tylka）的研究指出，經常參與中等運動強度以上的女性，通常較能欣賞自己的身體，對於自己的身體功能較為滿意。假如這群女性，可以不拿減重、改變身材為前提，就有更高機率可以欣賞自己身體、滿意自己身體功能。

若要預防強迫運動、肌肉成癮，最好的方法，就是提升自己的身體意象、提升對自己的身體滿意度。不以減肥、改變身材的目的進行運動，單純享受運動帶來的身體律動本身，就可以讓運動成癮、肌肉成癮的機率降低。

她們把青少年女性分成兩組，A 組的體育課以身體健康為訴求，B 組體育課以改善外貌為訴求。研究發現，以身體健康為導向的 A 組女性，表示自己願意進行更多體育活動，且從中獲得更多快樂，也會對自己的身體看法更為正向和滿意。

這是因為焦點不同所導致的。A 組女性，把焦點放在運動後的身體感受，以及觀察身體能動性的改變。B 組女性的焦點，則是關注卡路里和體重、身形的改變，對這件事的關注會分散掉他們從運動過程中得到的成就感。A 組焦點在身體的愉悅感，B 組焦點在外貌的問題上。

而那些為了減肥、塑身，而強迫自己過度運動的女性，會不會從運動中得到更好的效果呢？答案是，不會！

為了瘦身，強迫自己去運動，且不運動就會有罪惡感的女性跑者，罔顧身體的疲憊，用意志力苦撐，反而讓她們把焦點更加放在「身體的疲憊感」上，從慢跑中體驗到的正向情緒也就被削弱了。若是單純為了跑步、增進健康的女性跑者，則會有比較良好的運動習慣，願意讓自己在感到疲憊的時候休息、選擇適當的食物為身體供給營養，尊重自己的身體需求，也有更好的身體意象。

尊重身體需求，適度運動，才能得到健康的身心

強迫運動，並不是用運動的頻率或數量來區分，而是以從事運動時的動機、情感因素，以及「不運動」對當事人的心理意義有關。若當事人對運動感覺到較多的「義務感」，不運動時有強烈的「罪惡感」，就屬於強迫運動的範疇。而通常，有強迫運動習慣的女性，對自己的身體較不滿意、和身體的關係比較疏離，也比較難以喜歡自己的身體、對自己的身體感覺到尊重。

運動對提升身體意象具有積極影響，但關鍵在於運動的動機與心態。如果運動是基於健康和身體的愉悅感，能幫助人更欣賞自己的身體；然而，若以減肥或改變外貌為主，運動反而可能成為焦慮的來源，削弱正向情緒。強迫運動的女性通常對身體不滿意，且與身體的連結感較弱，無法真正享受運動帶來的成就感。運動應被視為一種與身體合作的過程，而非修正或懲罰身體的工具。透過尊重身體需求，適度運動，人們才能在身心層面真正體驗到健康的價值與滿足感。

> **艾彼悄悄話**
>
> **歷史上無數偉大的人物都不是因為身高而被記住，而是因為他們的智慧、勇氣和影響力。你也是如此，你的價值不取決於身高，而是取決於你如何展現自己。**

PART 04

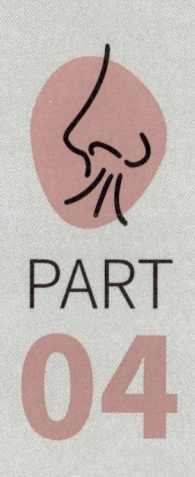

疫情、AI 時代、意外，如何改變我們看待身體的方式？

Chapter 13

濾鏡文化：照片不好看不敢上傳！

＃濾鏡 ＃網路社群 ＃美麗病 ＃社會比較

Story　濾鏡依賴讓眞實的容貌成爲羞恥感的來源

一鍵掩蓋瑕疵多方便

濾鏡的誕生為現代社交媒體帶來了革命性的變化。它讓我們的照片看起來更加精緻、完美，甚至能「一鍵」掩蓋瑕疵。然而，隨著濾鏡技術的普及，我們也開始見到它帶來的副作用：越來越多人對自己的真實容貌感到不滿，甚至將濾鏡作為展示自己的唯一方式。在一個「美即是成功」的文化氛圍下，濾鏡背後藏著的焦慮逐漸成為現代人的共同課題。

高中生小琪是班上有名的「人氣女孩」，不僅在校內擁有許多朋友，還在社交媒體上經營了一個頗受歡迎的帳號。她的貼文充滿了精緻的自拍照和日常生活分享，吸引了大量年紀較小的粉絲，特別是國小、國中的學生。他們總是在留言區熱情地誇讚：「好漂亮喔」、「這皮膚是怎麼保養的啊？」小琪看到這些讚美時，內心充滿了喜悅，也感到一絲不安──這些照片，從來不是她的真實模樣。

沒有濾鏡我就黯淡無光

實際上，小琪對自己的容貌並不是充滿自信。她的皮膚有些泛紅，臉上留著青春痘的痕跡，熬夜後出現的黑眼圈總讓她覺得自己顯得疲憊。每次拍完照，她總要打開濾鏡軟體，細心調整光線、磨皮、瘦臉，直到照片裡的自己看起來「完美無瑕」為止。這樣的照片發表到社交

媒體後，總能收到大量讚美與關注，讓她一方面感到滿足，另一方面卻更加害怕真實的自己被發現。

一次，全家聚集在一起為外公慶祝 80 大壽。長輩們邀請了專業攝影師來記錄這個重要時刻，小琪的父母也希望一家人拍張合照留念。當大家站在一起時，攝影師要求自然地微笑，並在按下快門之前說了一句：「我這個高解析度的相機，連毛細孔都可以拍得很清楚喔！」

這句話讓小琪感到一陣緊張，因為這意味著照片將會非常寫實。當照片拍出來後，家人們圍在一起觀看，小琪忍不住偷偷瞄了一眼自己在照片裡的樣子──那是沒有濾鏡、毫無修飾的模樣。她覺得自己的膚色黯淡無光，雀斑在光線下更加明顯，完全沒有其他照片中的精神奕奕。

那天晚上，小琪感到無比失落。她忍不住想：「如果這張照片被分享到家族群組裡，或者被親戚發到社交媒體上，別人看到這樣的我，會怎麼想？」這種焦慮讓她陷入深深的自我懷疑，甚至開始懊悔參加這次聚會。

我只想被別人看到我好的一面

在社交媒體上，濾鏡提供了一種輕鬆改變外貌的方式，它創造了「理想化的自己」。然而，當這種「理想化」成為人們主要展現的形象時，真實自我便逐漸被邊緣化。對於像小琪這樣的年輕人來說，濾鏡的作用早已超越了修飾照片，它成為了一種心理上的依賴。

另外，在社交媒體世界中，人們很容易將自己與那些看似「更美、更成功」的人進行比較，而濾鏡技術進一步加劇了這種比較，因為它讓所有人都能輕鬆創造「完美形象」，從而提高了「美的標準」。當

> 從心理學的角度來看,這種現象可以歸因於「自我呈現理論」(Self-presentation)。自我呈現理論認爲人會有意識或無意識調整自己呈現於他人面前的形象,讓自己更加受到喜愛,或是想在他人面前呈現理想化的自我。濾鏡技術,很容易就讓人達成自我呈現的目標。但眞實的自己,卻會被隱藏得更深,更難被看見。

小琪不斷收到粉絲對濾鏡照片的讚美時,她逐漸將自己的價值與這些「理想形象」綁定在一起,並對真實的自己感到不滿。

同時,外部認可的增強作用也扮演了重要角色。每一次按讚或讚美,都會讓小琪感到短暫的滿足,但這種滿足感並不穩定,反而讓她更加依賴濾鏡,形成了一種惡性循環。

要幫助像小琪這樣的年輕人走出濾鏡依賴,需要從心理建設、行為改變和支持系統三個方面入手。

首先,心理建設是關鍵的一步。

不完美卻更真實、有親和力

小琪需要學會接受自己的不完美,並逐步建立對真實自我的認同感。她可以從較可信的家人、朋友開始,嘗試分享未經濾鏡處理的照片,並觀察家人、朋友對她的反應。這樣的嘗試有助於她建立一種「真實也能被接受」的安全感。她也可以透過練習積極的自我對話來挑戰內心的負面認知,例如,每天記錄自己感到自豪的瞬間,無論這些瞬間是否與外貌有關。

其次，改變社交媒體的使用習慣至關重要。

小琪可以設立一個規則，比如每週只允許自己使用一次濾鏡，或者嘗試關注更多不依賴外貌的內容創作者。這樣的行動能幫助她減少對單一審美標準的依附，並接觸到更廣泛的美的可能性。

最後，支持系統也不可或缺。

家人和朋友的支持對於小琪的成長至關重要。當她能夠感受到周圍人對她真實樣貌的接納時，她的焦慮感會逐漸減輕。同時，心理諮商師也可以幫助她挖掘濾鏡依賴背後更深層的原因，並提供專業的建議來幫助她逐步擺脫這種自我批評。

PRACTICE

單日社交實驗

在社交媒體和濾鏡技術的影響下,我們習慣於修飾自己的外貌,甚至將他人的關注與我們的外表畫上等號。然而,這種認知可能是被放大的,因為我們往往高估了外貌對人際互動的影響。本練習的目標是讓參與者透過刻意減少對外貌的關注,觀察人們的實際反應。

步驟一　選擇「去濾鏡」的一天

在一週內選擇一天,讓自己不過度修飾外表,嘗試保持真實的樣貌,例如:

1. 不使用美顏濾鏡、不修改自拍照片
2. 不特意遮掩皮膚上的瑕疵(如痘疤、黑眼圈)
3. 盡量不化妝,或僅使用簡單妝容
4. 不特別打理髮型,讓它以最自然的方式呈現

這一天,你將以「最接近真實自己」的模樣,進行日常社交互動,如:和朋友或同事聊天、參加學校或工作的會議、走進咖啡廳或便利商店與店員互動,或參與社交活動或聚會。

步驟二　觀察他人的反應

在與他人互動的過程中,請特別留意以下幾點:

對方是否注意到你的外貌變化?例如:有人詢問你今天的裝扮嗎?

對話的重點是否仍然圍繞在你的外貌？還是更關注你的話題、想法和行為？

你的朋友、同事或家人是否有不同的態度？例如，他們是否依然熱情地對待你？

當你不特意修飾外貌時，你的社交體驗有什麼不同？如：自信感、與他人溝通的感受。

步驟三　記錄與反思

1. 記錄當天的觀察結果

使用筆記本或手機備忘錄，記錄以下問題的答案：

人們真的在意你的外貌嗎？

有多少人的注意力實際上放在你的談話內容、行為和個性上？

你有沒有發現，自己比預期中更容易被接納？

2. 反思：我們是否高估了外貌的重要性？

回答以下問題，幫助自己理解社交環境中的「外貌焦慮」是否被過度放大：

在沒有濾鏡與過度修飾的情況下，你仍然能夠與他人建立良好的互動嗎？

如果沒有人對你的外貌變化發表評論，那是否意味著你的擔憂其實是多餘的？

未來，當你對外貌產生焦慮時，這次實驗的結果能否幫助你降低壓力？

Theory

台灣人在看臉時代下的美麗病，因為新冠疫情而加速產生

2024 年 7 月 3 日，兒福聯盟公布「臺灣兒少的社群時代容貌焦慮」調查即指出，有高達 71.1% 的國高中生對自己的身材感到不滿意，更有 8.3% 的國高中生對自己外貌全部不滿意。調查中，近 60% 會嘗試透過穿搭、減肥、保養來改變外表和身材，除此之外更有 45% 以上會修照片或甚至不敢上傳照片到社群媒體。

容貌焦慮影響身心甚劇，調查發現 38.8% 的國高中生因看到其他人放在網路上的美照而產生自卑，57.8% 國高中生認為自己應該增重或減重才會達到心中完美的樣貌，甚至有 13.7% 的國高中生表示曾想過要整形。對外表如此關注，不僅耗費了大量時間精力，也扭曲了國高中生對自我的認知。

戴口罩遮醜的便利性

2020 年 1 月 30 日，世界衛生組織宣布新冠肺炎構成國際關注的突發公共衛生事件。為避免染疫，人人都戴上了口罩。當時的政府官員，參加國際醫療高峰論壇時說道：「90% 的人帶著口罩是比較英俊瀟灑又漂亮的。」這在當時是一句鼓勵大家戴緊口罩、勤勞防疫的標語，搭配上網路的迅速傳播，口罩開始變成一種便宜又無痛的整容術了。

當時有專家學者為了印證上面的說法，做了一個研究，從資料庫中挑選 60 張不同種族的臉孔，用修圖的方式直接把口罩放到照片主角

的臉孔上。目的是要讓受試者比較影中人戴口罩前後的顏值差異。接著再將戴了口罩跟沒戴口罩的照片，隨機呈現給 496 位受測者，請他們替這些臉孔打分數，而根據分數的高低將外貌依序分為三個等級，好看、普通，與不好看。

研究結果發現戴口罩確實會對顏值產生影響，原本被歸類在不好看的臉孔，戴上口罩之後顏值分數大幅提升，平均加分效果高達 42%。至於原本被評為普通的臉孔，也有高達 70% 的臉孔戴上口罩後分數會上升，會比原先得分高出 20%。

口罩對於顏值的影響，不難想像其背後的心理學成因。這主要是來自於所謂的格式塔現象（Gestalt），人類的腦袋，對於沒有看到的事物，會盡可能地去用想像完整它。最有名的就是視錯覺，像是圖案之中，明明沒有完整的圓形與三角形，但對於觀者來說，卻彷彿看見了完整的圓形與三角形。

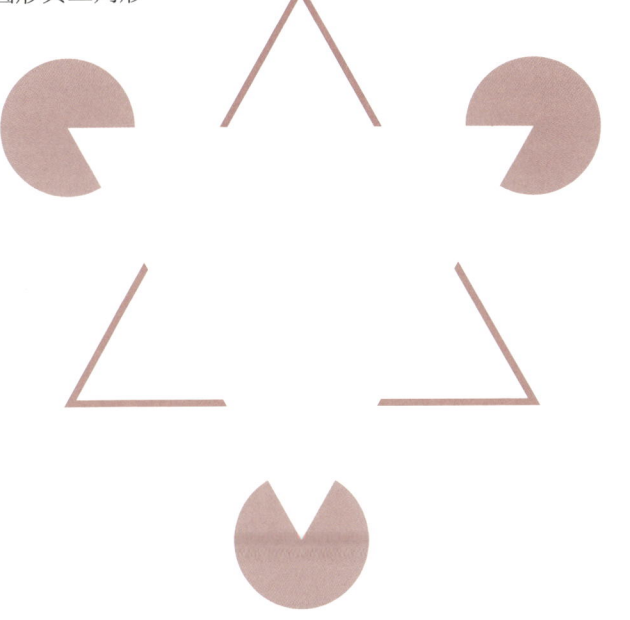

人們既然都知道五官必然存在，在被口罩遮住時，自然就會想像這個口罩下面會有鼻子和嘴巴。並且會用上半部露出的額頭、眉毛和眼睛，來判斷口罩底下的五官長成怎麼樣。

完形的腦補現象會有一個很大的缺陷，人類多半不會想像到細節，而只是想像輪廓。因此，像痘疤、雀斑、小細紋、毛孔等等會被歸類在瑕疵的部分，在戴口罩時通通都被隱藏了，也不會被想起，才會形成所謂大部分的人戴口罩都會變好看的說法。

躲在口罩背後感覺安全

同時，我在實務工作中也發現到，外表自尊較低的族群，躲在口罩背後的比率越來越高。其中很多都是青少年男女，因為青春期賀爾蒙的劇烈改變，讓外表發生變化，種種改變在疫情之下，都讓他們有一個合理的理由，用口罩遮擋住臉。不需要用完整的臉孔與別人互動，反而讓他們覺得很自在。國高中時期，對於自我的認知尚未定型，更容易採納別人對他們的評價，其中當然也包含對於外表的評價。有許多大學生告訴我，自己在國高中時期經歷過與外貌有關的嘲笑與排擠。而這都會影響到大學生的自尊，並且不自覺地限縮自己未來的職涯選擇和人際交友狀況。

疫情期間，民眾大量使用電腦、手機進行線上會議，學校課程也改採線上上課。青少年與兒童使用網路的時間明顯上升，雖然家長們都期待青少年和兒童在網路上的時間可以拿來學習、增進知識，但家長們也很了解，這些大量上網的時間很容易就被拿來滑手機、IG、看YouTube 影片或是 TikTok 短影音，作為娛樂和放空的用途。無論成人或是青少年，多半都會好奇，想看看別人都在做什麼？吃什麼？網紅們都怎麼過生活？

隨時準備上鏡的視訊課程、會議

我們都知道,網路時代本來就容易增加大家想窺視其他人生活的好奇心,看完又忍不住想跟進或拿自己的生活比較。而在疫情期間,隨著網路使用的時間變長,大家無意識的比較時間也變得更多了。無論成人或青少年都反應說居家隔離期間拿著手機,有時候本來是想放鬆和放空,結果看到同年紀的別人這樣生活、這麼精彩,反而覺得焦慮起來,原先想放鬆的目的也完全無法達成。甚至還覺得,網紅連戴著口罩都這麼認真地打扮自己了,自己也應該採買一些新的化妝品來使用,而且必須是不脫妝不浮粉,在脫下口罩用餐、喝飲料時不會讓人很囧的那種才行!

也因為濾鏡功能普及,線上開會或上課時,大家多半都會打開濾鏡功能,試圖讓自己在鏡頭前看起來更好看一些——濾鏡會大幅削減並美化我們外表的不完美。當人們都習慣用有濾鏡的鏡頭看待自己了,一旦關掉濾鏡,再看看鏡頭中真正的自己,彷彿被嚇了一跳一樣,才驚覺到自己原來長得一點都不像濾鏡中的自己。再看看鏡子,確認自己長得就跟沒有開濾鏡的狀態一樣,啊!原來真實的自己這麼糟,看來沒有濾鏡是不行的。下次線上會議、線上課程,還是要把濾鏡繼續打開才行。

疫情,就這樣延續了一整年。在一開始的混亂與不便之中,大家度過了 2020 年。

趁疫情進廠維修,醫美逆勢成長

2021 年上半年開始,媒體抓住了人們對於外表的關注,以及對自己真實樣貌不適應的感覺,開始報導戴口罩是變臉的好時機。在韓國甚至湧現報復性整形潮,因為手術後多半需要恢復期,疫情期間有口

罩遮掩，以及居家時間變長，完全不用害怕被別人發現自己去進行了鼻子、嘴唇等部位的整容手術。

疫情之下，醫美成為逆勢成長的產業，因為大型活動延期或取消，主持人、模特兒、空服員進入休假期間，趁機改頭換面一下，利用疫情期間深居簡出，追求疫情後可以破繭而出。

時間到了 2022 年年底，此時，疫苗正式普及，口罩解禁的風聲也逐漸傳出。

民眾戴了將近 3 年的口罩，對於 2023 年口罩即將解禁，很明顯地會聽到兩種聲音。一種聲音是，好期待可以拿掉口罩，以及，終於可以沒有人與人之間的隔閡和隔絕了。另外一種聲音，則是很擔心自己拿掉口罩之後的樣貌不符合預期，而不被接納。有團體認為，對於青少年而言，若因為外貌自卑不想拿掉口罩，可以用「我有過敏」或「身體不適合打 COVID-19 疫苗」等等，繼續戴著口罩，避免被同學嘲笑和霸凌。這雖然是很好的策略，但對有容貌焦慮的人而言，總覺得是一種「逃得了一時，逃不了一世」的辦法。

容貌焦慮知覺被打開，但還不知道怎麼收尾的台灣社會

2023 年，口罩正式解封。越來越多網紅開始討論容貌焦慮，以及容貌焦慮的自救辦法。不過都像是蜻蜓點水一般，沒有繼續深入。對容貌焦慮的思考、感受，就像是浴缸的水龍頭一樣，在偶然的契機之下被打開了，卻沒有被關上，最終，這些思考和感受，就像是流洩出來的水一般注滿了浴缸，容貌焦慮的思考和感受不只滿了，還滿溢出來。

2023 年 4 月左右，來尋求外貌焦慮解答的人變多了，甚至有一群

年輕的學生，會來找我傾訴對身材、體型與體重的焦慮，他們所帶來的議題，也就是所謂的「身體意象」（body image）議題。身體意象，不只為他們生活帶來了分心、人際互動困擾，還引發出憂鬱情緒，以及強迫行為與飲食疾患。

假如這些事情，都能透過改變外表就解決，他們也不會來找我了。當人們對於外表的追求到了極致，想透過遮掩或手術解決外表的小缺陷、不完美，面對心理對於外貌的焦慮。此時，內在的不真實和矛盾衝突，就會越來越明顯。

容貌焦慮的問題，不只是鏡子裡的倒影，也不僅是網路濾鏡後的自己，更是深植於我們的社會文化、群體價值觀與個體心理之中。它來自於對完美的過度追求，來自於對「不完美」的否定，更來自於我們看待自己的方式。導致我們看見的，不是「鏡中真實的自己」，而是社會與媒體的期待，以及內心那個不斷比較與批判的聲音。

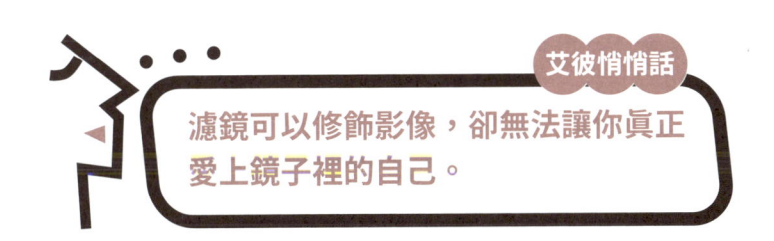

艾彼悄悄話

濾鏡可以修飾影像，卻無法讓你真正愛上鏡子裡的自己。

Chapter 14

AI 時代虛擬角色的魅力與迷思

#虛擬角色 #AI 時代 #理想自我 #Vtuber

Story　當 Vtuber 成為他的另一張臉……

　　Ross 是一名 27 歲的上班族，同時也是一名人氣 Vtuber。每當他切換到虛擬形象——一個高大英俊的動畫角色「星野」時，他感到無比自信。星野擁有明亮的藍髮、筆挺的西裝，還有磁性的聲音，粉絲們對他喜愛有加，紛紛留言稱他是「完美男神」。Ross 享受這種被喜愛的感覺，每次開直播時，他都感到自己真正「活了起來」。

　　然而，當直播結束、攝影機關掉，Ross 回到現實時，他卻感到無比落寞。現實中的 Ross 身高普通，略顯瘦弱，臉上還有些痘疤。他時常擔心，如果粉絲知道真實的他的模樣，是否還會支持他？這樣的念頭讓 Ross 逐漸抗拒現實中的社交活動，甚至避免與家人朋友過多互動。他開始覺得，只有當星野存在時，他才是被肯定、值得被喜愛的。顯然，虛擬角色已經成為 Ross 真實自我的競爭對象。

虛擬世界裡我是完美男神

　　Vtuber，全名是 Virtual YouTuber，意即虛擬 YouTuber，是一種利用 2D 動畫的虛擬角色進行直播或製作影片的形式。這些角色通常由創作者設計，透過動態捕捉技術結合聲音表演，讓虛擬形象可以真實地模仿創作者的表情與動作。

　　Vtuber 最早在日本誕生，由虛擬角色「輝夜月」和「絆愛」的成功引爆熱潮，隨後迅速在亞洲市場蔓延，成為一種跨越語言和文化的

現象。目前 Vtuber 產業已經發展出多樣化的商業模式，包括粉絲贊助、周邊商品銷售、線下活動等等。

投身於 Vtuber 的魅力之一在於，用 2D 的虛擬外表和聲音的呈現，可以讓創作者打破外貌與性別的限制。無論你在現實生活中是誰，都可以透過虛擬角色成為另一個完全不同的人。對於 Ross 來說，星野是一個完美的形象——他的身高、外貌甚至性格設定，都是男神等級。這樣的形象吸引了大量粉絲，讓 Ross 感到自己終於「被看見」。

然而，這樣的吸引力同時也帶來了一些隱憂。當虛擬角色成為我們的主要自信來源時，當事人可能會開始依賴它，甚至將自己的價值感完全寄託在它身上。對於像 Ross 這樣的 Vtuber 來說，現實中的他可能會越來越害怕暴露真實面貌，生怕打破粉絲對他的幻想。

Ross 熱愛這個虛擬角色，於是將更多時間投入到直播和內容製作中，進一步疏遠了現實生活中的人際關係。而這種疏離感又讓他更加依賴虛擬角色來獲得認可與滿足。

其實，「虛擬角色」在多人連線遊戲中也容易出現，許多當事人會使用虛擬世界的成就感，來填補現實中的缺憾。虛擬角色提供了一個讓人能夠擺脫現實束縛、自由表達的空間。然而，如果未能小心平衡，這種依賴可能會影響心理健康，甚至讓我們與現實生活越走越遠。

投射到角色上的理想自我

虛擬角色的精心設計，**擁有符合大眾審美的外貌、聲線，甚至連性格都經過深思熟慮**。而當真實的自我與虛擬角色形成鮮明對比時，我們可能會陷入一場內心的拉鋸戰。

Ross 的問題在於虛擬角色「星野」已經成為他的理想自我，甚至

凌駕於真實自我之上。當我們無法將理想自我與真實自我進行整合時，容易引發「自我認同危機」。

> **理想自我 ideal self vs. 真實自我 actual self**
>
> 理想自我：代表了我們期望成為的樣子，通常充滿完美的幻想。
>
> 真實自我：我們現在的樣貌，包括優點、缺點和限制。
>
> 對於習慣隱藏在角色背後的當事人來說，理想自我往往展現在虛擬角色上，那些高度精緻的外貌、吸引力十足的個性，成為一種令人迷戀的「理想化分身」。但當這個理想化的角色與創作者的真實形象差距過大時，心理上的衝突和焦慮便應運而生。

　　理想自我與真實自我的整合，並不是要求當事人要放棄理想，而是學會讓這兩個面向彼此補充、相互支持。假若當事人因為虛擬角色的完美而感到不安，誤認為自己的真實形象無法承擔他人的期待就太可惜了！這種擔憂往往忽略了角色背後的價值——虛擬角色本身是創作者心血的結晶，是才能、創意與努力的結合。

　　當我們能夠重新定義這種關係，把虛擬角色視為真實自我的延伸，而非完全不同的個體，這種整合便開始發生。假若當事人不再需要羞於自己的真實樣貌，而是學會接受：虛擬角色是理想我的一種展演，而真實自我則是實現這個展演的基礎。當這樣的整合完成後，虛擬角色不僅不會成為枷鎖，反而能成為一種自信的延伸，讓創作者在真實與虛擬之間找到屬於自己的平衡與自由。

角色成為延伸而非取代

　　「虛擬角色」提供了一個探索自我與表達自我的舞台，但這並不意味著我們必須拋棄真實的自己。Ross 的情況讓我們看到，無論虛擬

角色多麼完美，現實中的自我才是根基。如果想要在虛擬與真實之間找到平衡，可以從以下幾個方面著手：

首先，重新定義虛擬角色的意義。Ross 需要意識到，星野是他創造出來的一部分，但並不等於他的全部。虛擬角色是他才華的展現，是他努力的成果，而非他的唯一價值。

其次，逐步建立現實中的自信。Ross 可以透過學習新技能、參與現實中的社團聚會或養成嗜好來提升自我滿意度。這些行動可以幫助他找到不依賴虛擬角色的成就感，讓真實的自己也能感到被認可。

最後，適度減少對虛擬角色的依賴。例如，設定每天直播的時間限制，或安排一天的「數位斷捨離」，專注於與家人朋友的互動，慢慢找回現實生活中的連結。

無論是 Vtuber 或是連線遊戲，「虛擬角色」都給了我們一個全新的機會，去體驗不同的人生，甚至成為我們理想中的樣子。然而，無論我們在虛擬世界中多麼光彩奪目，都不能忽視現實中的自己。正如 Ross 需要學習的那樣，接受不完美的真實自我，並在現實生活中找到滿足，才是幸福感的關鍵。

在虛擬與現實之間，我們不需要二選一。虛擬角色可以成為我們創造力與自我表達的延伸，但唯有真實的自我，才能讓我們在兩個世界中都感到安心與完整。

PRACTICE ✓

實踐自我價值

本練習的重點在於幫助你重新聚焦於自己的內在能力與價值，減少對外貌的過度關注，並培養更穩固的自信心。

步驟一　列出你的自我價值清單

請在紙上或筆記本中寫下至少10個你認為自己擁有的價值，這些價值應與你的個性、能力、特質、經驗或成就有關。可以回想別人曾經對你的讚美，或思考你自己最自豪的時刻。例如：

1. 我擅長傾聽，朋友們喜歡和我聊天。
2. 我有很強的解決問題能力，總能找到方法克服困難。
3. 我有幽默感，能讓身邊的人開心。
4. 我在工作上表現優異，專業能力受到認可。
5. 我善於團隊合作，能夠幫助別人一起成長。
6. 我有很強的責任感，總是信守承諾。
7. 我擁有創造力，能夠想出獨特的點子。
8. 我有勇氣去面對挑戰，不輕易退縮。
9. 我樂於學習，總是在追求進步。
10. 我珍惜身邊的人，並願意付出真心。

步驟二　檢視這些價值與外貌的關聯

現在，仔細檢視你的清單，標記與外貌有關的項目。例如：「我的外表讓我更有吸引力」、「我有好看的笑容」等等。接著，請思考以下問題：

1. 這些外貌相關的項目占我整體價值觀的比例是多少？
2. 如果外貌相關的項目較多，是否意味著我過度關注外貌，而忽略了我的內在價值？
3. 如果我完全不考慮外貌，我還擁有哪些優勢和價值？

記錄你的觀察與感受，並試著回答：「當我不以外貌來衡量自己時，我的價值在哪裡？」

步驟三　建立內在價值的習慣

為了幫助自己擺脫對外貌的過度關注，每天花2分鐘閱讀你的自我價值清單，並反覆提醒自己：「我的價值不取決於外貌，而是來自我的能力、特質與內在力量。」

此外，你也可以每天選擇清單中的某一項，並問自己：「今天我打算如何展現這個價值？」例如，如果你列出的價值是「我擅長傾聽」，你可以在當天試著真誠地聆聽朋友的心事，並從這個行為中感受到自己的價值。

這個練習的目標是幫助你轉移對外貌的過度關注，重新認識自己真正的價值，並從內在獲得自信。

Theory | 疫情封鎖後，全世界的人都變得更挑剔自己嗎？

疫情致使外貌管理困難，衍生容貌焦慮

不只台灣，許多地方也發現，Covid-19 疫情間接地導致青春期少女對自己身體的不滿意度上升。青春期是探索身分認同、對自我意識提高，以及同儕關係變得更重要的發展階段，對於青少年女孩而言，身體意象是身分認同與自尊的重要維度。女孩在從童年向青春期過渡的過程中，身體意象焦慮的增幅尤其顯著。學者甚至發現，身體意象的困擾程度，可以用來預測青少年女孩幾年後得到憂鬱症的機會。

許多女孩將自己身材管理、外貌管理當作一個重要的每日例行清單，需要被具體的衡量與嚴格的執行，才能達到心中理想樣貌。疫情打亂了青少女們的外貌管理習慣，讓她們不能上健身房或美容沙龍。研究發現，封城令、居家令或是限制外出等公共衛生的政策，透過兩種主要方式影響女孩的身體意象焦慮。一個是打理外貌的管道被迫中斷，不能到健身房或美容沙龍等店面從事外貌管理的行動。第二個是使用視訊聊天、數位自媒體的時間顯著增加。兩者都會導致青少女的身體意象焦慮，以及增強因為身體意象焦慮而衍生出的憂鬱症狀。

用第三者角度觀察自己是否上鏡的情境變多

同時，疫情又增加視訊聊天的機率，讓女孩們長時間暴露在外貌自我監控的情境中，讓青少女們用「抽離」的角度把自己當成「第三

者」一樣來觀察。多數視訊聊天平台的主要設計會讓使用者在互動過程中，也同時看到自己的即時影像，創造了一種「數位鏡子」的體驗，這讓青少女持續暴露在自身影像被自己檢視的情況下，增加對自己外表的「自我監控」行為，讓青少女們提升「自我物化」的機率，而不斷檢視自己的影像、過度關注外貌的缺陷，進一步讓自我物化變得更嚴重，並增加外貌不滿意感。

視訊的使用，也會讓青少女們更加意識到「數位觀眾」確實存在，並認為自己應該要「隨時準備好上鏡」，進而對自己的外貌和身材感覺擔憂，產生身體意象困擾。他們的研究也發現，更常在視訊中使用濾鏡「美化外觀」的青少女，更容易討厭自己的身體，亦會更加憂鬱和焦慮。

澳洲學者托妮・皮庫斯（Toni Pikoos）研究指出，有比較高的身體臆形症狀的參與者，認為無法從事外貌管理的活動讓他們心理壓力更大，並且會在可行動的範圍內繼續保持高頻率的外貌管理行動，如：梳理、照鏡子等。而較低或幾乎沒有身體臆形症狀的參與者，在疫情期間因為出門的需求降低，則是較少從事外貌管理的行為。另外，青少年男女若在線上課程期間，因持續監控自己的外表而感覺分心，則會消耗掉他們的認知能力，影響線上課程的學習成效。

疫情改變食物取得的方法，飲食疾患比例提高

而疫情期間，民眾的活動範疇受到局限，出門採買食物的方式和過去不同，對食物的取得行為因為封城而改變。人與食物的關係，也因此發生變化，這些狀況又會如何影響人們的飲食行為呢？

在義大利的一項調查中，超過一半的參與者自陳，他們對於飢餓和飽足的感知發生變化，有 17% 的調查者自陳食慾降低，34% 報告食

慾增加。此外，48% 的受訪者認為自己在封鎖期間體重增加。澳洲的調查中，27% 的一般民眾自陳與 COVID-19 之前相比，他們會對食物的攝取產生更多限制的行為，出現類似厭食症的行為反應。而有 34% 的民眾表示自己的暴食行為增加。

前面的研究都是針對之前沒有飲食疾患的一般人群，而疫情封城期間，對原本就已經罹患有飲食障礙的患者，又造成什麼影響呢？

西班牙的研究發現，三分之一的飲食疾患患者報告自己的症狀有所惡化。同樣的，在澳洲的研究中，本來就有飲食障礙的受訪者認為他們的限制行為、暴食行為、催吐行為和運動行為相較於 COVID-19 之前都變得更加嚴重。英國則有研究顯示，超過 50% 的參與者表示，在封鎖期間更難調節或控制飲食。60% 的受訪者表示他們對食物和飲食的關注有所增加。接近一半的參與者同意，他們在封鎖期間對自己的外表更為關注。

後疫情時代的我們，正在消化容貌焦慮、飲食疾患此類新困擾

這些結果說明，在飲食和外表的議題上，世界各國的民眾都曾經歷到疫情封鎖期間對心理和行為造成的影響。身體活動被限制、無法輕易取得食物，使身體意象變得更負面，更焦慮與憂鬱。對青少女而言，無法自由地進行外貌管理活動，又長時間暴露在數位自我監控情境中，加劇了青少女對外表的不滿。世界各國的民眾，在疫情封鎖期間，都變得更容易關注外表，並且也更不喜歡自己了。

疫情封鎖期間，全球人口的身體意象與飲食行為，都因為生活模式而有所改變，特別是青少女的身體意象焦慮所受到的影響又更為顯著。居家期間外貌管理活動受限，視訊科技的廣泛使用讓人持續處於

自我監控情境，導致自我物化加劇，外貌不滿意感上升。此外，飲食行為因行動限制而產生變化，部分人暴食增加，部分人出現厭食傾向，而原本就患有飲食疾患的患者，症狀則更為惡化。

艾彼悄悄話

> 虛擬角色是你的創造力展現，而你的真實自我，才是支撐這份創造力的根基。

Chapter 15

顏值即正義,導致「職場」
成爲「容貌歧視」發酵地

＃職場 ＃容貌歧視 ＃意外 ＃顏損 ＃社會正義

Story｜我的身體寫滿經歷，為何你只看到傷疤？

小君今年 29 歲，從童年時就背負了一道深刻的「臉上的傷痕」。那場意外雖然沒有奪去她的生命，卻在她的臉部與心靈刻下抹不去的印記。隨著年齡漸長，小君漸漸學會與「傷痕」共處，也在創作與服裝設計的領域中找到熱情。她深信，只要作品夠出色，外界便會專注於她的才華，而非她的外表。

然而，當她進入職場面試，卻發現現實遠比想像更複雜。

小君準備應徵一間知名的服裝品牌公司。第一階段的考核是繳交作品集，她花了整整一個月苦心準備，呈現自己最具代表性的服裝設計：融合東西方布料拼接、別具巧思的剪裁細節，還有獨樹一幟的色彩搭配。收到面試邀請時，她內心興奮不已，彷彿看見夢想之門敞開在眼前。果然，公司對她的設計讚譽有加，她很順利通過了第一關考試。

但是，當她前往公司進行第二階段面試時，情況卻急轉直下。面試當天，小君特地換上自己親手設計的襯衫，並細心梳妝，希望以作品與整體形象展現專業風格。可當面試官瞥見她臉上的傷痕時，神色明顯凝滯。起初，小君還天真地以為也許對方只是好奇，便侃侃而談自己的設計理念與未來規劃。

難以回應的求職歧視

面試官聽完，卻沒有順著她的話進行專業提問，反而話鋒一轉，說道：「如果讓你直接面對客戶，你是否會在意別人的目光？」那瞬間，小君感覺自己的「臉上傷痕」彷彿被放大，彷彿她的能力和創意都退居二線，只剩下那道無法忽視的傷痕。她深吸一口氣，力圖鎮定地回答：「我相信服裝設計最重要的是作品本身。我能透過我的專業滿足客戶需求，臉上的傷痕並不影響我的創作與溝通。」

然而，面試官聳聳肩，最終只淡淡地說：「或許先讓你在倉庫裡熟悉一下產品吧，不用直接跟客戶接觸。」聽到這句話，小君心頭一陣冰冷。她明白，自己雖在作品集上已經證明能力，卻因外表而被擋在與客戶互動的門外，猶如被判定「不適合在台前」。她默默收好簡報資料，離開辦公室時，望著那間盛名在外的時尚公司，心裡翻攪著失落與不甘。

回到家後，小君既沮喪又疑惑。難道自己的「臉上傷痕」真能遮蔽她的創意與才華嗎？她曾以為只要用成績與作品證明自己，就能贏得尊重，卻沒有料到社會對「外在形象」的要求，往往遠比她想像的還要根深蒂固。她不想氣餒，但也無法抑制心中那股被貼了標籤的痛楚。

小君深感不平，但她同時想起過去那些讓她堅持下去的力量。學生時代她曾參加過關懷燒燙傷及外傷者的交流會，認識了不少同樣因意外而在身體或臉部留下痕跡的人。那個社群裡，人們都能坦然分享自己如何遮掩傷痕，或如何透過創意與信心，將「傷痕」轉為「獨特」。

在那個關懷社群裡，她也學到了另一種面對歧視的方式。採取行動來主動改變環境，而非只是被動地受社會標籤牽制。因此，小君振

> **汙名理論（Stigma Theory）**
> 美國社會學家厄文·高夫曼（Erving Goffman）提出，人們常會因外貌、行為、身分等特徵，被社會冠上「汙名」而遭到排斥或曲解。對擁有明顯身體差異的人來說，這樣的汙名常常造成自我認同危機，也可能限制他們在職場與社交場合能獲得的機會。小君的處境正是如此：雖然她擁有過人的設計實力，卻在「與客戶互動」這項工作要素上，因臉上的傷痕而被歧視、被排擠到不顯眼的倉庫。

作起來，決定一方面繼續尋找願意欣賞她作品、尊重多元美感的公司，一方面也嘗試透過自己的專長來傳遞價值。她思考如何利用特殊剪裁、布料拼接、刺繡或印花，把「不完美」的元素融入設計主題，讓每一個缺口或縫隙都成為創意亮點。

把經歷轉化成創意靈感

在設計過程中，小君的腦海裡不斷浮現求職當時「被拒絕的門」。她質疑：難道要擁有一副「看起來完美」的外表，才有資格走進大眾視野，甚至站在時尚領域的台前？可那些身體與精神上的傷痕，明明也是一個人成長與經歷的累積。若能被善待與接納，也許就不再只是「汙名」，而會化為更豐富、多元的美感。

她將自己的概念設計圖上傳到個人部落格和社群平台，並配上一段文字：「我的身體寫滿了故事，為何你只看到傷痕？」她也簡單分享了「汙名」的觀點，讓更多人理解，歧視不只是個人態度，更是深植在社會結構中的一種標籤機制。她呼籲服裝產業與顧客都能思考：「當我們談論美，是否真的只是談論一種『沒有缺陷的外表』？還是應該包含更多元的面向？」

沒想到，這篇文章在設計圈的某些角落引起關注，獲得許多留言的讚賞和支持。看著這些迴響，小君心裡不禁燃起新的希望。

　　一位開設小型工作室的資深設計師找上她，希望跟她合作一個特別企劃。對方表示：「我很喜歡妳把傷痕視為一種特殊標誌的想法，因為這正象徵了我們人生的『縫縫補補』。或許透過這個展，我們能讓更多人看見，時尚並非只屬於完美無瑕的身體。」聽到這番話，小君幾乎感動得想流淚。她終於遇見願意尊重她的才華，同時也認同她價值觀的伯樂。

　　她明白，雖然自己不可能立刻改變整個社會對外表的偏見，也無法讓所有企業都接受她的臉上傷痕，但她能透過設計與行動，為這種改變播下種子。每一件新作品，都像是一種挑戰「單一美」的聲音：布料可能故意留下一道不對稱的線縫，象徵受傷後的癒合；衣領、袖口或褲管的剪裁，也不再完全對稱，呼應著人生中那些不完美的縫隙。她並不打算刻意凸顯「傷痕」的悲情，而是想用「獨特與多元」的創作理念，啟發觀者用新的視角看待身體與外表。這一刻，她感覺到自己真正走出了那間被安排在倉庫的辦公室，走向了一條屬於自己的道路。

我只是需要和大家一樣公平的機會

　　回顧這一路，小君對臉上傷痕的態度，從痛苦、排斥，到學會容納它的存在，如今更把它融入服裝設計裡，化作表現生命力的象徵。她理解到，社會可能不會馬上改變對外表的苛刻期待，但只要有人願意發聲、提出不同觀點，汙名的鐵壁就能一點一點被敲碎。

　　或許，小君未來仍會在職場上遇到因臉上傷痕而引發的異樣眼光，但她不再想隱藏自己，也不再讓「外表」成為阻礙夢想的藉口。對她

而言,那道顯眼的傷痕,是人生賜予的特別禮物,記錄著她如何從逆境中站起、如何拿起畫筆與布料,為自己與更多人打造新的可能。當她在時尚領域展開下一步時,腦中也常回想起那句話:「我的身體寫滿經歷,你卻只看到傷痕?」現在的她,想補充的是:「當我不再害怕這道痕跡,也願意用作品大聲說出它的意義,也許更多人終能越過『汙名』的阻隔,看見我真實的才華與靈魂。」

PRACTICE ✓

身體故事書寫──理解你的身體，重塑自我價值

我們的身體不僅是一具外殼，它記錄了我們的成長、經歷與故事。這些痕跡可能是傷疤、皺紋、胎記、痘疤、紋路，甚至是肌肉的形狀，它們承載著我們的回憶與人生歷程。本練習的目的，是讓你透過書寫，重新理解身體的價值，學會欣賞自己的不完美，並以新的視角看待自己的身體。

步驟一　觀察你的身體

找一個安靜的空間，站在鏡子前或坐下來，用手輕輕觸摸自己的身體，仔細觀察那些對你來說「特別」的地方，例如：

- 童年時摔跤留下的疤痕
- 因長大而產生的妊娠紋或生長紋
- 曾經的皮膚問題留下的痕跡
- 笑起來時臉上的細紋
- 肌肉的線條變化

不要急著評價這些痕跡「好看」或「不好看」，只是單純地觀察它們的存在，允許自己去感受。

步驟二　寫下它們的故事

在紙上寫下至少3個你身上痕跡的故事，可以從以下問題開始：

1. 這個痕跡是什麼？它位於你的身體哪個部位？
2. 它是如何形成的？這段經歷對你來說代表了什麼？
3. 當你看到這個痕跡時，內心產生了哪些感受？是自豪、懷念、害怕，還是焦慮？
4. 這個痕跡是否改變過你對自己的看法？你是否曾經想掩蓋它？如果是，為什麼？

例如：

「我的右額頭有一道淡淡的疤痕，那是小學時候為了保護弟弟跌倒時留下的。當時我並不覺得疼，只記得大家驚慌的神情。這個疤痕讓我想到，我其實是個願意為愛的人挺身而出的人。它不只是個傷口，而是我勇氣的印記。」

步驟三　重新定義你的身體

回顧你所寫的內容，思考以下問題：

1. 這些痕跡是否真的讓你「不夠美」？還是它們其實見證了你的成長？
2. 如果你的身體是一本文學作品，這些痕跡是它的哪一個章節？它們述說的是悲傷？成長？力量？
3. 與其用標準審美去看待這些痕跡，你是否能用「故事」來重新詮釋它們？

Theory 👁 鏡子中的陌生人：疾病與意外帶來的改變

一個選擇，也是一場宣告

「就我個人而言，我並不覺得自己因此而不再是女人。我反而感受到一種力量，因為我做出了一個堅定的選擇，而這個選擇絲毫不減損我的女性特質。」這是安潔莉娜・裘莉（Angelina Jolie）在 2013 年公開她接受預防性乳房切除手術時說的一句話。

她並不是唯一一位為了健康而改變身體的女性，卻是少數能在全球注視下，用平靜而堅定的語氣對大眾喊話的明星：「我沒有失去自我，我只是在選擇生存的方式。」切除乳房不只是醫療決策，更是一場身體與心靈的雙重重塑。在鏡子前，我們看到的從來都不只是一個身體，而是這個人過去經歷了什麼、正在面對什麼，又準備如何走向未來。

當身體不再熟悉：乳癌帶來的多重衝擊

乳癌帶來的創傷，不止於病理診斷。它切入的是女性認同核心的位置——乳房。對許多女性來說，乳房不只是身體的一部分，更承載著性別認同、性吸引力，甚至母性的象徵。當手術帶走乳房、化療剝奪頭髮、疤痕成為永久的印記、體重波動難以控制，這些變化往往讓女性在看鏡子時不只是感到陌生，而是感到「那不是我了」。

更令人難受的是，這些外在變化常常伴隨著內在的情緒洪流。有

些女性會開始避免照鏡子，也有女性會悄悄收起所有自拍照，甚至在社交場合感到極度不安。她們並不是不願與人接觸，而是害怕自己現在的樣子，成為對方同情或驚訝的焦點。身體的改變往往像一面鏡子，照出自己對價值的依附，也照見社會對「性別化的身體」過度聚焦。

年齡與意象的鏡面效應

在 20 到 50 歲之間的乳癌患者，屬於年輕族群，她們所面臨的衝擊往往更為劇烈。這個階段的女性通常正處於戀愛、婚姻、生育與職涯發展的關鍵期。她們從小在主流文化中接受「美麗＝女性的價值」、「有乳房＝女人」、「乳房大小＝性吸引力多寡」等訊息，當身體出現傷痕與改變，自我價值也跟著動搖。有些人開始迴避親密關係，有些人在夜晚獨處時對著鏡中的自己掉淚，有些人甚至會問：「我還是女人嗎？」

心理學家瑪西婭・阿爾梅達（Márcia Almeida）的研究指出，年輕女性接受化療、放療後的身體意象評分明顯低於年長患者，且這些變化對其自尊、戀愛信心與職場參與都有重大影響。而年長女性雖然在焦慮與羞恥的表現上較少，但身體意象對性功能、親密接觸的影響仍然存在，只是年長女性不常表達這類困擾，也未曾有人想過需要關心長者與親密關係有關的議題，致使身體意象對年長女性的影響被低估。

從臨床經驗來看，不同年齡層的女性對身體的詮釋方式也有差異。年輕患者更傾向將外貌作為自我價值的一部分，而年長女性則可能以身體功能和生命存續為主進行考量。但即使是後者，在深層情感層面仍會出現傷痛與孤單。因此，年齡不能作為評估身體意象調適能力的唯一標準，而應進一步探討個體對身體的期待與過往經驗。

情緒困擾與身體意象的惡性循環

乳癌患者在診斷與治療過程中，常伴隨著情緒困擾的發生。研究指出，身體意象困擾與憂鬱、焦慮、壓力之間具有高度正相關。學者努爾‧艾‧科奈因（Noor-e-Konain）發現，多數乳癌患者即使完成治療一年以上，仍持續有外貌焦慮與自我批評的現象。而在婚姻狀態的比較上，未婚女性的心理困擾與身體意象困擾程度顯著高於已婚者，顯示伴侶支持可能具有心理保護作用。

心理困擾不僅影響情緒，也會干擾日常功能與社會參與，進一步導致患者退縮、封閉，甚至影響持續復健與醫療合作意願。

預備自己比事後療癒更重要

近年來的研究開始指出，女性在手術前的身體意象狀態，其實對術後心理調適具有重要預測力。手術前身體意象困擾較高者，術後更容易陷入持續的自我否定與羞恥；而術前具備良好身體接納與穩定自尊者，則較能展現彈性與自我修復力。

是什麼原因在影響乳癌倖存者的身體意象？澳洲心理學教授阿斯特麗德‧普熱茲傑茨基（Astrid Przezdziecki）發現，最大的影響因素為「自我慈悲」（self-compassion）。

而「自我慈悲」中的兩大因子——去除連結（defusion）和接納（acceptance），對於一個人能否從身體意象的困擾中恢復具有關鍵作用。簡單來說，越能做到不被負面想法綁架（去除連結），以及越能溫柔地接納自己的身體樣貌（接納），就越容易培養出正向的身體意象。

這表示，我們不能等到身體真的發生改變了，才來學習接受它。

我們需要更早開始學習與身體和平共處的語言，要在年輕時期就灌溉一種身體的慈悲感。這不是對身體「無所謂」的容忍，而是一種積極且有意識地與自己的身體建立溫柔連結。當我們能夠在平常的日子裡看著自己的身體、即使有些皺紋、有些不完美，也依然說出：「謝謝你，帶我走過這麼多。」那麼即使未來面對重大改變，也會有一點點內在力量來撐住我們。

　　這也是為什麼「身體意象教育」應該早於疾病發生，甚至應該融入青少年男女的心理衛教課程。當我們從小就被允許以多元方式認識與呈現自己的身體，就不會在面對身體損傷或改變時，那麼容易陷入失落與否定。

從自我否定到慈悲：與身體重修舊好

　　「自我慈悲」正是這樣一種內在態度的展現。它不同於單純的自我安慰，而是包含著三個重要的行動歷程：第一是「去除連結」，也就是不要讓自己完全陷在外貌的評價裡；第二是「接納」，允許自己有不舒服的感覺，並且相信這些感覺會流動；第三則是「行動導向的善待」，學會用實際的行動來照顧自己的身體，而不是處罰它、忽略它。

　　自我慈悲能有效減少對外貌的負面自動思考、降低焦慮與憂鬱，同時提升生活品質與心理復原力。

　　當我們培養出自我慈悲時，身體不再只是需要被修正的對象，而是一個可以對話的夥伴。這讓我們從「對抗身體」的態度，轉變成「與身體並肩而行」。這也讓許多難以接受術後身體的女性，能夠說出「我接受自己。我不再為自己的身體感到羞恥」。

這是一個轉變的開始,也是一段深刻的心靈旅程。我們不會因為一句話就完全放下羞恥,不會因為一次練習就完全接納改變。但我們可以一次次地靠近那個仍然值得被愛的自己。

重建的不只是身體,更是信念

我們不只是重建了一個身體,更重建了一個自我。

乳癌不只是身體的病,它也是一場關於意義、價值與自我形象的重構。當我們失去某個部位,我們也可能重新找回某種力量。正如裘莉所說:「我感覺更堅強。」那不是因為她的身體更完整,而是她在選擇之後,看見了自己的勇氣。

願我們都能在面對身體的失落時,不急著去遮蓋、不急著說服自己沒事,而是能夠慢慢地、誠實地說:「我正在學習和這個改變過後的自己,重新相愛。」

> **艾彼悄悄話**
> 我的身體是一張地圖,記錄了我的人生旅程。每一道疤、每一條紋路,都是故事的證明,而不是缺陷。我不需要掩蓋它們,因為它們讓我成為了現在的自己。

燒燙傷患者的身體意象與心理適應

與乳癌患者相似，燒燙傷倖存者也面臨身體外觀劇變所帶來的深層挑戰。研究發現，若個體在燒傷發生前越在意自己的外貌，越追求符合社會主流的美的標準，意外發生後越容易出現對身體的不滿與自我否定感。相反地，若原本就擁有較為正向且彈性的身體意象——例如認為身體形象是會變化的、可改變的，則在面對毀容或疤痕時，能展現出更好的心理適應力與復原力。

英國NGO「改變臉孔」（Changing Face）的創辦人詹姆斯・帕特里奇（James Partridge），他本身是一位因燒燙傷導致顏損的傷友，後來致力於倡議「臉部平權」。

帕特里奇曾提出燒燙傷者的適應三階段：

生存階段：處於受傷初期，重點在於身體康復與復健。患者仍保有燒傷前的自我概念，此時醫療人員、家人與朋友的支持非常重要。當事人主要心理議題為疼痛、哀傷、創傷後壓力、外貌焦慮。

社交化階段：通常發生於出院後6個月至2年以上。社交支持減少，當事人需適應社交環境的挑戰。心理狀態會在過去的自我形象與「永久顏損者」的自我認同之間擺盪。此時主要心理議題為憤怒、羞恥、身體意象困擾、哀傷與恐懼。

倡導階段：透過社會參與與改變自身價值觀，發展不受「審美標準」束縛的自尊。此階段當事人已經開始擁抱自身經歷，積極倡導「臉部平權」等概念。

身體意象的修復不只是醫療層面的重建，更需要一開始就從心理及文化層面進行預防。無論是乳癌術後的傷痕，還是燒傷留下的疤痕，或是各種慢性病、車禍意外導致的外貌改變，若我們從一開始就相信「身體不是定型的雕塑品；而是會改變的容器」，便能為自己，留下更大的彈性與希望。

Chapter 16

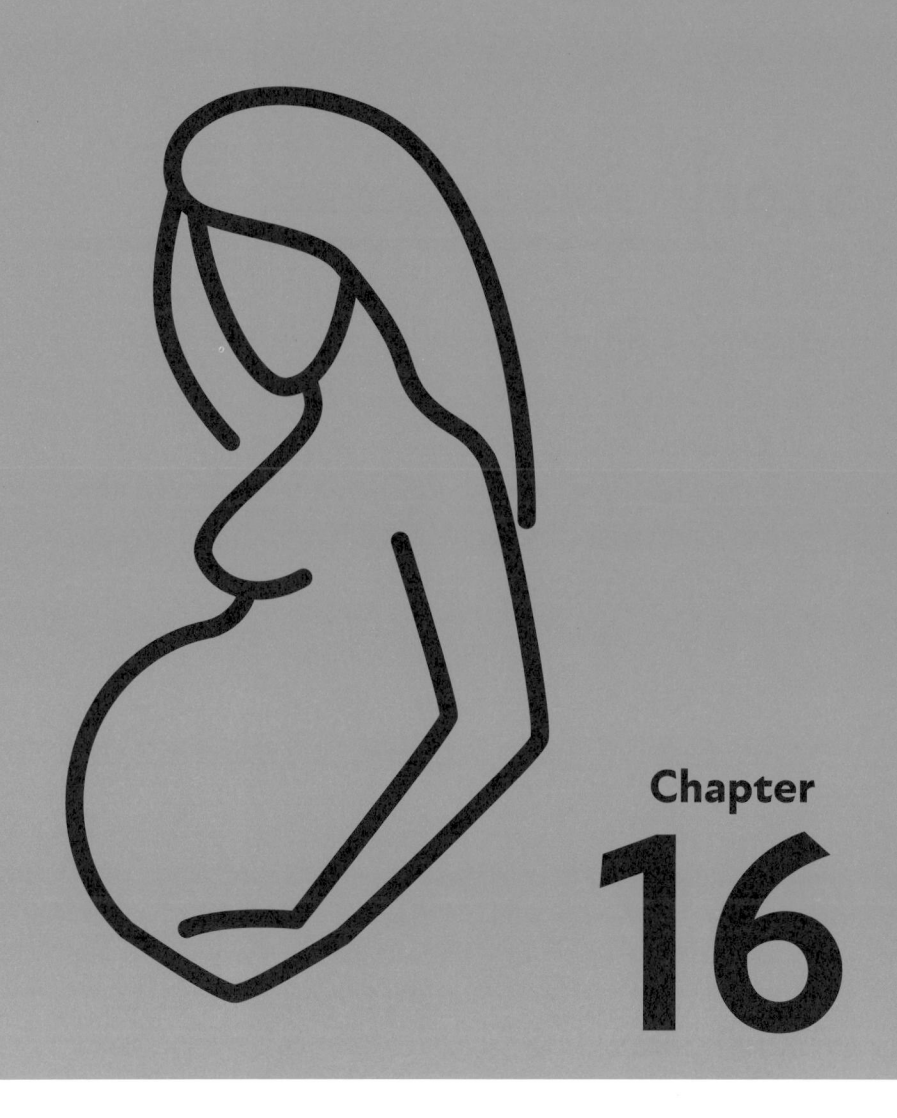

「孩子最大」,生產前後不能說的焦慮

#懷孕 #產前產後 #身材焦慮 #母職

Story 「媽媽妳好軟,好舒服!」孩子眼中的美麗,不是完美曲線

30 歲的芷函成為媽媽後,生活進入了一個全新的階段。懷孕時,她滿懷期待地規劃著未來:有健康可愛的孩子,家庭和樂幸福,還能迅速恢復到產前的纖瘦身材,繼續穿著喜歡的衣服,做回那個自在自信的自己。然而,現實總常常不如預期。

芷函的孩子平安出生,但她的身體卻未能迅速「復原」。腹部的鬆弛皮膚和妊娠紋提醒她,懷孕和分娩帶來的改變不會輕易消失。穿上舊衣服的想法變得遙不可及,甚至連照鏡子時,她都忍不住移開視線。

身體變成了瑕疵品

「是不是我懶了?是不是因為我沒努力?」芷函心中的懷疑開始加深,而周遭環境也無形中放大了這份壓力。她的朋友不時提起那些產後迅速恢復身材的名人,社交媒體上更是充斥著「媽媽也能保持完美曲線」的廣告,讓她越發覺得,自己似乎不夠格當一個「新時代女性」。

為了達到理想中的標準,芷函花了大筆金錢買下號稱能「快速重塑曲線」的塑身衣。穿上那件塑身衣的感覺就像被牢牢束縛住一般,雖然腰圍顯得纖細了些,但整天的呼吸壓迫和不自在的感覺卻讓她疲憊不堪。「這就是必須付出的代價吧,」她自我安慰著,告訴自己:「如

果連這都做不到,怎麼算是新時代女性?」

然而,這些努力並未帶來滿足感。相反地,她越發感到自己的身體成了負擔,像一個永遠修復不好的「瑕疵品」。更糟糕的是,這種焦慮開始滲入她的親密關係。每當丈夫靠近她,她都不自覺地退後,心裡閃過一個念頭:「他會不會覺得我不再吸引人了?」她開始抗拒丈夫的觸碰,甚至對他的關心變得冷漠,害怕任何與身體相關的話題。

芷函逐漸減少與朋友的接觸,害怕成為他人談論的焦點,擔心別人會對她品頭論足:「看她生小孩後胖了多少!」不與外界聯繫成了她自我保護的方式,但內心的焦慮卻不曾因此減輕。

好身材等於理想媽媽?等於新時代女性?

芷函的經歷,反映了許多產後女性共同面對的挑戰。女性在產後面臨的身體變化,常導致對自我價值的負面評價,特別是班親會中孩子們脫口而出:「某某的媽媽好漂亮!」的時候,這種無心的童言童語,經常成為母親們無形中的心理壓力來源,媽媽們對待自己的外表,也會變得很嚴苛。

芷函將「恢復身材」與「成為理想媽媽」之間掛鉤,這種過度綁定使她的焦慮不斷累積。

除此之外,身體一直被過度以性別化的方式要求,什麼是合宜的呈現方式,也會導致女性對自己身材的施壓無所不在。從青春期開始,社會對女性身材的要求便層層加碼,而產後女性更容易被「完美曲線」的標準推向憂鬱的深淵。芷函內化了這種標準,並將其轉化為對自己的苛責,認為只要身材達不到要求,就不配稱為「新時代女性」。

向丟掉牛仔褲的明星看齊

某天晚上,芷函像往常一樣瀏覽著社群媒體,無意中看到電影明星安海瑟薇(Anne Hathaway)的 Instagram 貼文。照片中,安海瑟薇拿著一條剪成短褲的牛仔褲,配文寫著:「懷孕時(或任何時候)體重增加並不是一件羞恥的事;需要比預期更長的時間來恢復身材也不丟人;如果你最終選擇將牛仔褲剪短,那也沒什麼可恥的。」

這段話讓芷函愣住了。安海瑟薇!國際知名的女演員!竟然毫無隱瞞地分享自己的身體變化,甚至直面那些世俗的審美期待,傳遞出接納與自信的力量。芷函反思,自己為什麼會如此執著於追求一個「完美身材」?這樣的執念,是出於自己的需求,還是來自社會比較的無形壓力呢?

第二天早晨,芷函正打算在房間裡試穿新買的塑身衣,鏡子裡的她臉色略顯疲憊。就在這時,三歲的大兒子跑進來,一把抱住她的肚子,天真地說:「媽媽好軟喔,抱著好舒服!」簡單的一句話,像一道曙光,溫暖地撫平了她的心。孩子看到的從來不是她的曲線,而是她的溫暖與陪伴。

當晚,芷函試探性地對丈夫說:「你覺得我現在是不是不夠好看?」丈夫愣了一下,隨後拉住她的手說:「妳辛苦懷孕、生兩寶,妳的身體變化只是自然的結果。而且對我來說,妳永遠是最美的樣子。」這句話讓芷函忍不住落下眼淚,她第一次覺得,自己不必活在外界的審美標準中,因為愛她的人,從未因她的身材而改變看法。

芷函決定不再讓塑身衣束縛自己的身體與心靈。她開始學習更多有趣的事物,例如參加母嬰瑜伽課,甚至重新拾起自己曾熱愛的手工藝興趣,重新建立為人母後的自我價值來源。

芷函的故事提醒我們，身體的改變是生命的一部分，而不應成為自我價值的唯一衡量標準。在產後的焦慮中，女性更需要學會接納自己的多面性，建立自己與孩子的身心健康。像安海瑟薇所說的一樣，「如果你最終選擇將牛仔褲剪短，那也沒什麼可恥的。」我們的價值，從來不該由尺碼或標準所定義，而是來自於內心對自己的接納與愛。

PRACTICE ✓

自我照顧練習

本練習幫助新手媽媽重新與自己的身體建立連結,透過感知、情感表達與行動,學會欣賞身體的變化,而非將其視為壓力來源。產後身體的改變是一種力量與生命的象徵,這個練習將引導你用全新的角度去理解自己的身體,從中獲得自信與自我接納。

步驟一　溫柔的身體掃描

時間:每天5～10分鐘,最佳時間為早晨或睡前

1. 找一個安靜、舒適的空間,閉上眼睛,深呼吸三次,讓身體放鬆。
2. 從頭到腳進行「身體掃描」,慢慢將注意力帶到身體的各個部位,觀察它們現在的感受,無須評判。例如:

頭部:今天感覺如何?是否感到清醒或疲憊?

腹部:這裡曾經孕育過生命,現在它變得柔軟了,它是否感覺到壓力或舒適?

腿部:這雙腿曾經支撐過孕期的重量,也陪伴我照顧孩子,今天它們感覺如何?

3. 若注意到某些部位感到緊繃、不適或不滿意,嘗試對它們說:「謝謝你,一直為我付出。」

步驟二　產後成長日記

時間：每週2～3次，花10分鐘書寫

1. 準備一本筆記本，每週選擇一個與身體相關的話題來記錄，例如：

「我的身體這週做到了什麼？」例如：抱孩子、餵奶、走了幾千步等等。

「我對自己的身體說一聲謝謝，因為……」

「今天，我最欣賞自己的哪個部分？」

2. 嘗試用新的方式描述身體，例如：

原本的想法：「我的肚子變得鬆弛，真醜。」

轉換後的想法：「這是孕育生命後的印記，它提醒我經歷了多麼偉大的過程。」

3. 若感覺困難，可以想像自己在鼓勵一位剛生產的朋友，然後用同樣的語氣寫給自己。

步驟三　創造屬於自己的「產後儀式」

時間：每天10～15分鐘，根據自己的時間安排

1. 選擇一種方式來照顧自己的身體，不論是泡澡、敷臉、散步、喝一杯熱茶，或只是靜靜坐著聽音樂，目標是讓自己感受到「我的身體值得被溫柔對待」。

2. 為身體創造一個專屬儀式，這可能是：

每天醒來時，對著鏡子說：「這具身體正在適應新的旅程，我給它

耐心與愛。」

每晚睡前,輕輕撫摸腹部或其他曾經焦慮的部位,對它說:「謝謝你。」

3. 持續這些小儀式,讓它們成為一種溫柔的日常習慣,而非一種「改變身體」的壓力來源。

產後的身體變化並非缺陷,而是經歷生命歷程的證明。透過感知、書寫與行動,你可以重新定義對身體的理解,將其視為力量與歷程的一部分。當你願意溫柔地對待自己,你會發現,真正的美來自於對生命的擁抱,而不是社會期待的標準。

Theory 父母是孩子的「全身鏡」：外貌焦慮的家庭影響

在外貌主導的社會中，孩子的身體意象從何而來？雖然社群媒體、同儕文化和流行趨勢對年輕世代影響深遠，但真正的起點往往在家庭。

父母如何看待自己的外貌，如何與孩子談論身體意象，直接決定了孩子是否能擁有健康的自我認同。接下來，我將探討家長如何塑造不同生理性別孩子的外貌觀念，並檢視家長自身的身體意象困擾如何無意間加劇了孩子的焦慮。

母親對女兒的影響

「媽媽不喜歡自己的外表，那我是不是也長得不好看？」這是許多女孩心中的隱藏疑問。研究顯示，當母親經常對自己的身材和外貌表達不滿時，女兒常常會模仿這種態度，進而形成對自身外貌的否定。例如，母親在鏡子前嘟嚷「我這張臉太大，難看死了」，女兒可能開始懷疑自己的臉型是否也不符合期待。

母親對自己身體的態度，決定了女兒將來會是「愛自己」，還是「修自己」。

母親若本身對外貌有焦慮，或患有飲食失調，對女兒的影響尤為深遠。研究指出，母親的飲食行為與自我評價會直接影響女兒的外貌認知與飲食習慣。例如，母親經常節食或批評自己的身材，女兒可能

模仿這些行為，進一步加劇外貌焦慮和飲食控制的風險。

法國學者瑞秋・羅傑斯（Rachel Rodgers）的研究資料中顯示，大約 50% 的青少女曾嘗試過極端節食，而這與母親的負面身體意象有密切關聯。在日本和韓國，則有高達 40% 的女學生報告因母親對體重的關注而感到壓力，並開始對自己外貌產生不滿。這種外貌焦慮不僅會影響心理健康，還可能導致憂鬱症狀與高人際敏感度，進一步削弱女兒的社交能力與自信心。

鼓勵、讚許比批評更容易導致容貌焦慮

母親的話語對女兒的身體意象有著深遠的影響，而這影響並非總是顯而易見。研究顯示，母親對女兒減肥行為的讚許，往往比明顯的嘲笑，更容易影響女兒的身體意象，因為這類稱讚傳遞了一種「符合標準才值得被肯定」的隱性訊息。例如，當母親看到女兒成功減重瘦身時，可能會說：「妳瘦瘦的很好看，繼續減肥很好啊！」這樣的話語看似積極，但實際上強化了外表與價值感的直接連結。

相較之下，嘲笑雖然直接表達了否定，但它常常被女兒視為一種明顯的攻擊，可能更容易引發女兒的反感和抵抗。然而，稱讚卻以更隱蔽的方式滲透到女兒的價值系統中，讓她們認為，只有在達到特定的體型標準時才能獲得母親的認可與愛。這種內化的壓力不僅影響身體意象，還可能導致長期的飲食控制與外貌焦慮。

家庭治療師阿曼達・高斯林（Amanda Goslin）的研究發現，如果女孩的母親經常對纖細身材、瘦身行為表達支持，女兒發展出飲食失調或過度運動的風險比其他家庭高出 25%。這些女孩更傾向於將自我價值與體型掛鉤，並對體重增加懷有極度的恐懼。因此，母親的「好意提醒」或「隱性讚美」都可能成為女孩追求外貌完美的驅動力，長

遠來看，其影響甚至可能比直接的批評更為深遠。

母親對兒子的影響

對於兒子，母親的影響表現得更為間接，但仍具有深遠意義。心理學家麥凱布（McCabe）的研究指出，過去，男性的外貌審美多圍繞「力量感」。但近年來，隨著韓國流行文化 K-pop 的興起，男性的審美標準變得更加多元。如今，男性不僅需要強調肌肉化的力量感，還需要追求「精緻」與「柔和」的形象，包括白皙肌膚、纖細的身材以及完美的妝容。這些標準逐漸滲透至全球，母親角色當然也不例外。受到韓國流行文化的影響，母親對兒子的要求早就「不只是」健壯了。

母親若對 K-pop 偶像表示過多的讚美，例如提到「他們的皮膚好 Q 彈」，或對兒子的外貌提出建議，「你應該去做臉、燙個頭髮，會更受歡迎！」，這些話語可能讓男孩認為自己需要符合「花美男」的標準，才能被認可。相比於肌肉的唯一標準，這個審美標準增加了對「乾淨」和「精緻」的要求，讓男性青少年感受到更複雜的外貌壓力。

父親對女兒的影響

研究指出，父親作為女兒生命中的第一個異性範本，影響力不容忽視。若女兒對父親的憤怒感較少、正向情感較多，可以提升女兒在遭受人際批評時的因應能力。自尊的來源，也會建立在多個向度之上，不會單只有局限在外表身材。

我曾與一位有兩個女兒的父親進行對話，該父親分享了自己面對的挑戰：「如何在當前的媒體環境中，引導女兒們不要過度關注外表，或擔心自己是否符合社群媒體所塑造的『理想身形』」。該父親坦言，卡通、玩具與偶像文化不斷強化「瘦才是美」、「女生應該漂亮」的

訊息，讓女兒們在很小的年紀便開始質疑自己的價值是否足夠。我當時建議，這位父親應該透過行動與話語，帶領孩子反思這些訊息，強調「外貌不是唯一的價值」，並多肯定女兒的內在特質。

避免最初的「男性凝視」

當父親展現穩定的支持與正向情感時，女兒的人際敏感度會顯著降低，生活滿意度也會提升。同時，性格溫暖且親子關係較自由的父女關係能幫助女孩減少外貌焦慮。

當父親無意中參與「男性凝視」時，對女兒身體意象的負面影響可能更加明顯。例如，父親評論女明星的外貌、身材，或對女兒的打扮提出過多意見，可能讓女孩誤以為自己的外貌是被愛的主要條件。這種價值觀的內化可能進一步導致她們對外界評價的過度敏感，甚至引發焦慮與自卑。

在人際互動中，適度的敏感是健康關係的基石，但過度的敏感卻可能成為沉重的心理負擔。高人際敏感度的孩子往往過於關注他人的評價，對批評極度敏感，甚至會誤解普通行為為負面訊息。這種過度敏感常伴隨著自我價值感的下降，進一步影響心理健康與社交能力。

如果父母能以穩定的情感支持孩子，並幫助他們建立健康的自我認同，孩子將能更有效地平衡對他人意見的關注，減少因外貌焦慮帶來的心理壓力。

父親對兒子的影響

對兒子而言，父親的言行通常成為典型「男性氣質」的參考標準。研究顯示，當父親強調力量與體態的重要性，例如「男人就該有肌

肉」，這可能讓兒子過度追求肌肉發展，甚至出現飲食控制與過度運動的問題。

但父親的影響不僅限於傳統的「陽剛氣質」。隨著韓國流行文化的全球化，男性青少年也越來越多地接受「花美男」這類審美標準。如果父親未能理解這種潮流，或對此持否定態度，可能會讓兒子感到孤立無援，進而加劇其對外貌不見容於社會主流文化的焦慮。另一方面，當父親以支持性的態度肯定兒子的努力和成就，例如「你的創意讓我很驕傲」，這些非外貌導向的讚美能幫助兒子專注於內在價值，減少對外貌的過度依賴。

少一點對外貌的評論，多一點對內在特質的讚美

父母對孩子的影響雖然有所不同，但也有顯著的共同點，同樣都是透過言行傳遞對外貌的價值判斷，讓孩子產生自己的外表可以被接受或不能被接納的氛圍。對女兒而言，母親自身外貌的態度，與父親對不同外貌、身形的接納程度共同決定其自我價值。對兒子而言，母親的審美期待，與父親的榜樣行為，則是外貌焦慮的主要來源。然而，研究顯示，當父母傳遞一致的價值觀，例如：強調內在特質的重要性、減少外貌相關的評論時，無論性別，孩子的外貌焦慮都能顯著減少。

父母是孩子最早的「全身鏡」。母親的言行、父親的態度，以及家庭對審美的價值傳遞，塑造了孩子如何看待自己和他人。未來的改變，應從家庭開始：「少一點對外貌的評論，多一點對內在特質的讚美。」當父母以接納與支持的態度面對孩子，家庭將成為減少外貌焦慮的第一步，幫助孩子在這個外貌主導的世界中找到真正的價值與平靜。

> **艾彼悄悄話**
>
> 每一道妊娠紋、每一寸變化,都是愛與力量的印記,你的身體不需要被修復,它值得被慶祝。

PART 05

容貌焦慮議題，需要透過改變社會才能緩解，是一個平權議題

Chapter 17

長相決定升遷？職場容貌歧視的隱形天花板

＃職場 ＃升遷 ＃外貌羞辱 ＃美學勞動

Story 「妳長得夠專業嗎？」當美學勞動，成為員工的無形負擔

　　27 歲的筱安畢業於知名商學院，身高 162 公分，體重 52 公斤，根據醫學標準，她的身材完全健康，甚至被不少人羨慕。然而，她的自信卻在一次面試中受到挑戰。

　　那是一家販售保健食品的公司。筱安對行銷充滿熱情，履歷表上寫滿了她的專業成就與實習經驗。面試進行得很順利，直到面試主管微笑著「善意提醒」了一句：「妳的條件很好，但如果能再瘦一點，整體形象會更有氣質，也更符合我們公司的理念。畢竟，妳是公司的活招牌，形象到位，推廣起產品也更有說服力。」

　　這句話像針一樣地刺進筱安的心裡。回家後，她不自覺地對著鏡子檢視自己，原本充滿自信的心情變得低落。「難道我真的不夠瘦嗎？是不是再瘦一點才能在公司有立足之地？」這些念頭不斷在她腦海中盤旋。

　　入職後，筱安漸漸意識到，這家公司對外貌的要求不僅僅是主管的個人意見，而是一種深植於公司文化的「潛規則」。無論員工是否已經符合健康標準，主管總能找到挑剔的理由：「你的體態需要更精緻，可以用我們家的某某產品啊！」、「皮膚能不能再透亮一點，來，這個某某產品拿回去用！」、「這樣的妝感看起來很老氣欸！有沒有在精進啊？」等等。

即使這些話聽起來輕描淡寫，但對員工來說卻是重重壓力。

公司文化助長同儕比較

筱安的同事們也在努力迎合這種標準。有人悄悄開始減肥，有人預訂昂貴的護膚課程，還有人因為擔心自己的外貌而對工作產生了極大的焦慮。甚至有一位曾經很有潛力的視覺設計同事，因為無法忍受主管對她外貌的批評而選擇離職。離開公司前，她苦笑著對筱安說：「我來這裡是想設計作品的，不是被改造成完美的模樣。」

這種文化讓整個辦公室充滿了無形的壓力。每個人表面上若無其事，但暗地裡卻在花費大量時間、金錢和精力迎合所謂的「形象要求」。筱安也陷入了這種內耗，從一開始對自己的健康和形象感到滿意，逐漸走向對身材和外貌的極端追求。

為了迎合主管的期望，筱安開始嘗試各種飲食控制方法。她嘗試低碳飲食，甚至以代餐取代正餐，或是厲行過午不食。一開始，體重的確有所下降，但她也發現自己的注意力越來越不集中，工作時經常感到頭暈。

「再努力一點就好了，」她告訴自己，「只要再瘦一些，主管就會滿意，我也能更有說服力。」然而，她的身體已經開始發出抗議。她的疲憊感與焦慮不斷增加，但她選擇忽視，認為這是必須付出的代價。

飲食控制之外，她還加碼投入運動。每天下班後，她逼自己跑步一小時，甚至參加公司舉辦的瑜伽課。無論身體多疲憊，她都告訴自己不能停下來，因為停下來就意味著失敗。

不僅是筱安，整個公司的員工都被這種壓力推著走。某位男性同

事因為體型「不夠精實」，每天只吃水煮雞胸肉；另一位女同事因皮膚暗沉，自己花錢去打雷射。為了避免被主管點名，員工們私下交換醫美診所的資訊，將時間與金錢大量投入到外貌的改善中。然而，這些努力並未帶來真正的滿足，反而讓公司的氣氛越發壓抑。

是健康挑戰還是選美競賽？

某天，公司推出了一項名為「全員健康挑戰」的活動，要求所有員工購買公司的保健產品，並公開分享使用心得。筱安不得不購入多種減肥茶、膠原蛋白飲和代餐粉，還添置了昂貴的健身器材。這些消費讓她的生活費捉襟見肘，但她仍咬牙堅持，害怕自己如果不積極參與，會被主管貼上「不夠努力」的標籤。

一次晨跑中，筱安突然感到頭暈，跌坐在地。醫生告訴她，她的血糖過低，並提醒她需要調整飲食，注意身體健康。這場突如其來的身體警告，讓筱安開始反思：「我究竟是為什麼這麼努力？是為了健康，還是為了迎合別人？」

在好友的建議下，她找到了一位心理師，第一次將自己內心的焦慮全部說了出來。心理師告訴她：「真正的健康，是照顧身體，善待身體，並知道什麼是對身體好的。」這番話深深觸動了筱安。

幾天後，在一次部門會議中，當主管再次強調形象的重要性時，筱安鼓起勇氣發言：「美和健康不應該是一種壓力，而應該是一種選擇。我們的產品應該支持每個人找到屬於自己的健康方式，而不是強加嚴格的審美標準。」這番話讓現場短暫靜默，但也讓一些同事開始重新思考。隨後，她提出了辭呈。

筱安的故事揭示了現代職場中外貌壓力對個體的深遠影響，也告

訴我們，真正的健康與成功來自於接納自我、欣賞多元，而不是迎合單一標準。正如筱安後來對自己說的：「外貌是我的一部分，但它不是我的全部。」這句話成了她重拾自信的起點，也為我們所有人提供了一個值得深思的啟示。

美學勞動（aesthetic labour）

由英國學者克里斯・沃霍斯特（Chris Warhurst）、丹尼斯・尼克森（Dennis Nickson）、安妮・維茲（Anne Witz）與安妮・瑪麗・卡倫（Anne Marie Cullen）於2000年提出。他們透過對英國服務業的實證調查，揭示企業在招募與訓練過程中，如何以外貌、氣質、舉止等審美特質作為篩選與評價標準。

美學勞動指涉的是，勞動者為了符合特定的職場或社會期待，對自身外表、聲音、語言、情緒與舉止進行自我管理與展演的過程。此勞動形式廣泛存在於時尚、零售、娛樂、餐飲與數位內容產業中。

儘管美學勞動提供了自我展現與市場競爭力的機會，卻也潛藏著高度的自我剝削風險。

首先，勞動者必須長時間投入於外貌修飾、形象設計與情緒控制等隱性工作，這些付出往往無法被正式計算為工時或薪資報酬。其次，勞動者易將自身價值與外貌吸引力緊密綁定，形成對自我外觀的過度關注與不安全感。這種內化的審美壓力不僅造成心理焦慮，也使勞動者不斷自我優化、與他人比較，陷入無止盡的形象競爭之中。此外，在某些產業中，對「理想形象」的追求可能強化性別、種族或年齡上的既有偏見，使特定群體承受更大的美學與情緒負擔。最終，美學勞動讓許多勞動者不僅要「工作看起來像樣」，還得「生活本身成為表演」，形成當代資本主義下個人化與內在化的剝削樣態。

PRACTICE

找回你的外貌自信

目的在於幫助個人在面對外貌羞辱、言語攻擊時,透過自我對話來修復自尊心,重新肯定自身價值,並發展應對策略,避免長期受影響。

步驟一　情境記錄與情緒覺察

1. 回憶並寫下最近發生的外貌羞辱事件,可以是直接的批評、冷嘲熱諷、排擠、不合理要求等等。
2. 描述當時的情緒,例如:憤怒、委屈、無力、焦慮、自責等等。
3. 思考你的直覺反應,例如:當時你選擇沉默、反擊、離開現場,還是忍受?

範例:

事件:主管在會議上當眾說,「如果筱安能像雯雯那樣,減肥有成、駐顏有術,這個產品的銷售量應該會提高吧!」同事們尷尬地笑了,但沒有人為我說話。

當下情緒:羞辱、生氣、自我懷疑。

直覺反應:當時我沒有說話,只想趕快結束會議,避免更多關注。

步驟二　言語的重構與找回控制感

1. 辨別語言背後的意圖:是否涉及外貌羞辱、性別歧視、無理批評,

或試圖削弱你的專業價值？

2. 重構話語，轉化為正向觀點：用理性角度解讀，減少內化負面影響。

例如：「如果某某更有魅力，業績會更好」→「業績來自能力與努力，而非外表。我應該專注於我的專業成就，而非迎合外貌標準。」

3. 思考下一次遇到相似情況時的應對方式：

設立界線：「我不認為我的外貌與業績表現有關，請聚焦在我的專業能力上。」

尋求職場盟友：與值得信賴的同事分享，尋找支持系統，避免孤立感。

步驟三　自我肯定與心理韌性訓練

1. 每天寫下至少三項自己真正的價值，例如：

「我在團隊中能有效解決問題，這才是我的職場優勢。」

「我的數字分析能力很強，這讓我成為團隊的重要資源。」

「我願意學習新技能，不斷成長，這比外貌更值得尊敬。」

2. 設定界線與行動計畫，確保自己不被長期影響，例如：若同事公開嘲諷你的外表，選擇不迎合、不自嘲，並明確表達：「這樣的評論不適合在職場上出現。」

若主管長期以外貌標準評價你，可以尋找更尊重人才的公司環境。

Theory 噓！外貌至上主義，原來隱藏了這麼多「不好說」的訊息

　　外貌真能對職場帶來幫助和加分嗎？事實上，外貌吸引力可能反而阻礙女性的職場發展。研究者要求主考官針對學經歷相當，但外貌條件不同的求職者，進行專業能力、職務適配性、錄取意願、建議起薪等不同向度進行評估。結果發現，對於女性求職者，外貌吸引力只有在較傳統的女性職別，如，文書類、照顧類的工作中才會帶來優勢。當女性要申請主管職位時，外貌較佳者，反而被評估為專業能力較差、職務適配性較低、錄取意願低、薪資低的吃虧組別。

　　外貌吸引力對女性的職場發展可能是一把雙面刃，在某些情境中反而導致偏見與阻礙。對於男性而言，研究顯示，外貌在男性求職上則是無往不利。無論他們申請的是主管職，或是基層職位，外貌吸引力基本上都能為男性帶來加分。在這裡，我們仍舊可以看到，外貌對於男性而言，亦可能造成額外的身心負擔與不公平對待，外貌對男性的影響不亞於女性。探討到這裡，讀者們一定可以了解，無論哪一個性別，都會受到「外貌內隱偏見」的影響，並沒有任何性別可以對此議題袖手旁觀，或聲稱只有單一性別是加害者、受害者。我們所有人都在這個社會主流審美的框架之下，也可能受到不利的對待。

公司是選才能？還是選美？

　　那麼，若非主管職，大家會比較願意錄取外貌姣好的應徵者，又

和有什麼樣的「內隱偏見」有關呢？企業心理學家恩巴爾・托雷達諾（Enbar Toledano）表示，一般人會假設，外貌較佳的人，會有比較高的智商，在工作上也會比較主動，心理也比較健康，而且外貌好的人社交技巧也會明顯較好。這是讓一般人比較願意錄取外貌較佳者的三大原因，聰明、主動、善於社交。實際上，如果真實對這些高顏值的人施以各種測驗，會發現他們的智力、在工作上的主動程度、心理健康都和其他長相的人差不多。在社交技巧上雖然有稍微好一些，但並沒有像一開始大家假想的那麼「長袖善舞」。

整體來說，儘管大眾普遍認為外貌較佳者更聰明、更擅長社交、更健康，但實證資料並未支持這些假設。這意味著，美貌偏見帶來的職場優勢與社會資源分配，可能更多是來自社會認知的偏誤，而非個人實際能力的展現。

外貌吸引力並非僅影響個人自信或社交互動，而是在實際層面中影響了經濟收入與就業機會。

上面所引述的研究已經說明，「顏值較高者獲得的優勢與好處，與其實際能力之間是脫節的。」因此社會給予他們的好處和機會，不僅缺乏合理依據，更排擠了其他人的機會。任何因為外貌而給出的優勢，都可以被理解成對其他人的不利。何況，我們欠缺一把公正客觀的外貌量尺，唯一有的只有每天在社群、媒體上出現的主流審美觀。最終，這些標準都可能將我們每一個人反噬。使我們每個人都成為外貌主義的受害者。

外貌主義背後隱藏的階級議題

而且，對於一個人的外貌，我們會給出什麼樣的評價，並非單一只有「臉部和身材」如何的考量而已，還包括了對方從「外貌」傳達

出的「整體資訊」。包含，社會地位、種族、年齡與性別等，這些因素，都會使得外貌紅利與外貌歧視的現象更加錯綜複雜。

例如超越鏡子的學員發現，膚色和美醜的關聯主要與地域性有關，在白人較多的歐美國家，曬黑的皮膚會被視為美，也是一種高社經地位的象徵，因為曬黑的膚色和財富與休閒活動有關。但，在其他非白人的地區，「白」會被崇尚，是因為「白」象徵著當事人從事的是「白領工作」非「藍領工作」。因此，職場中的美學標準也往往強調財富與權勢，使得穿著昂貴西裝與配飾的求職者更容易獲得工作機會。

外貌標準同時受到主流族群的影響，導致某些種族的特徵被視為「更美」。很多時候人們對「美」的假設都來自於文化霸權。日韓所看齊的，是歐美。所以，日韓雖然是黃種人，卻也強調「美白」的審美觀。

在美國的多族裔研究顯示，受測者普遍認為白人最具吸引力。亞裔女性傾向於接受雙眼皮手術，黑人女性則習慣將頭髮拉直，以符合西方審美標準。白人所進行的整形手術，通常是強化原生特徵，而非改變種族外貌，顯示出不同種族在整容選擇上的差異。

在職場上，種族外貌偏見也造成不平等，例如，黑人員工因留玉米辮而遭公司裁員，法院甚至判決該髮型「不符合專業標準」。這類職場上的「專業外貌」標準，往往是以白人美學為基礎，導致非白人群體在職場上處於不利地位。

上述可見，職場中的外貌歧視可以透過各種不同方法來呈現。若沒有覺察，也很有可能不小心陷落到「種族歧視」或「國籍歧視」之中。

從教育改善各種潛意識中的內隱偏見

年齡也是影響外貌評價的重要因素，年輕化特徵如緊緻皮膚、大眼睛、小鼻子，往往是女性吸引力的主要預測指標。在職場上，年齡歧視普遍存在，較年長的求職者常被視為缺乏競爭力，影響其求職機會、晉升與薪資發展。這種年齡歧視導致許多台灣女性為了維持競爭力而投入大量資源進行醫美或保養，以符合社會對女性外貌的期待。

外貌評價通常是潛意識驅動的，許多研究顯示，人類在極短的時間內便會對外貌形成判斷。例如，心理學研究指出，人類在 0.1 秒內便能對一張臉形成吸引力判斷。外貌評價並非單純的個人問題，而是與社會經濟地位、種族、年齡與性別等因素交織在一起，形成更深層的結構性不平等。

由於外貌評價多數來自潛意識，現行法律難以有效規範這類歧視。法律主要懲罰蓄意且明顯的歧視，例如基於種族或性別的歧視，但對於外貌這類自動化的無意識評價，法律往往無能為力。即使雇主未明言「長相普通者不予錄用」，無意識偏見仍可能導致徵才決策偏向美貌較佳者。

由於外貌歧視大多源於潛意識，法律難以有效規範，因此社會需要透過教育與文化轉變來改善這一現象。唯有當我們正視外貌與社會因素的交互影響，並努力改變現有的審美標準與職場文化，才能真正打破外貌歧視的枷鎖，創造更公平的社會環境。

> **艾彼悄悄話**
> 當你不再迎合無理的職場審美標準，你正在打破過時的框架，為未來創造更自由的空間。

Chapter
18

童顏專業人士努力「裝老」證明自己

#童顏 #專業人士 #老成的優勢

Story｜我想看起來穩重點！蓄鬍、深色西裝、刻意壓低聲音

　　浩然是一名職涯顧問，任職於一家知名的人事顧問公司，擁有 20 多年的工作經驗，專門協助個人進行職涯規劃與協助企業尋找合適的人才。他的履歷耀眼，專業能力備受肯定，但你絕對想不到他的困擾，會和外貌有關！

　　浩然有一張娃娃臉，讓他經常被誤認為大學生。即使已經快要 45 歲，走進招募培訓場合時，還是有人問他：「你是哪間學校畢業的？剛進公司嗎？」或者，「你看起來好年輕，確定能夠幫我規劃職涯？」

　　這些話並非惡意，但每次聽到，浩然都覺得自己的專業被低估，甚至懷疑自己是否該做些什麼改變，來讓自己「看起來更專業」。這樣的疑惑，日復一日地累積，逐漸影響他的自我認同與專業自信。

十幾年資歷還被質疑專業度

　　有一次，他受邀到一間知名科技公司進行人才培育的講座。當他站上講台，開始自我介紹時，台下的幾位中高層主管露出不以為然的神情。演講結束後，一位人資主管笑著走過來說：「你的內容很棒，但老實說，我會一直覺得你是大學剛畢業來這裡實習的。」

　　另一回，他受邀為一名企業高管進行人事諮詢。在會議開始時，對方直言：「說真的，你真的有足夠的職場經驗來指導我嗎？你看起

來比我現在的下屬還要年輕。」浩然只得笑笑，然後努力用數字、案例證明自己的能力，但那種被低估的感覺仍然揮之不去。

這樣的情況讓浩然開始思考，職場上，外表是否真的能影響一個人的專業形象？如果他外貌更成熟些，是否就能少一點這種質疑？這份思考讓他不禁開始檢視自己在職場上的存在方式。

長期下來，浩然竟對自己的能力產生了懷疑。當別人越是誇讚他長得「好年輕」、「好娃娃臉」，他就越擔心，不免思考：「我的專業夠不夠？是不是別人看到的，就是我的真實形象？是不是我在工作和專業上的投入不夠多，才會讓別人覺得我很年輕，沒有歷練？不夠專業，不夠有份量的樣子？」

刻板印象威脅（Stereotype Threat）

當人們被貼上標籤時，可能會不自覺地符合這些標籤，並因而影響自己的行為與表現。

這一概念來自美國社會心理學家克勞德・斯蒂爾（Claude Steele）和約書亞・阿隆森（Joshua Aronson）的研究。他們發現，當某個群體的成員被提醒與某種刻板印象相關時，他們的表現可能會受到影響。例如，在種族刻板印象的研究中，當非裔學生被告知測驗與智力表現有關時，他們的表現顯著下降；相反，若未提及智力因素，他們的表現則與白人學生無異。

類似的現象也發生在性別刻板印象對數學表現的影響中——當女性被告知數學測驗顯示出性別差異時，她們的成績就會下降。

浩然發現，這樣的情境與自己如出一轍。當他進入專業領域時，外界對於「童顏」的標籤讓他不斷質疑自己的專業能力。而努力要證明自己的過程，卻正好讓他顯得侷促不安、不夠從容。他開始思考，是不是自己真的缺乏權威感，還是這些刻板印象會影響他的行為？

蓄鬍扮老也無法取信於人

影響因素包含領域認同、群體認同與自我意識。領域認同部分，當浩然對自己的職涯顧問工作充滿熱忱，他希望被視為該領域的專家，但這樣的高度認同使他更容易受到刻板印象威脅的影響。群體認同部分，明明浩然身為一名資深職涯顧問，他本應具備豐富的經驗，但由於外貌年輕，他經常感到被排除在「權威專業人士」的形象之外。自我意識部分，浩然對外界的觀感高度敏感，這讓他在每次演講、顧問會談中都不自覺地想要證明自己，甚至刻意改變自己的表達方式來迎合「成熟專業」的標準。

為了擺脫刻板印象，浩然曾經嘗試透過打扮、改變聲音讓自己看起來更成熟。他開始穿深色西裝、蓄鬍，甚至刻意調整聲調，使自己聽起來更低沉穩重。然而，這些改變並沒有帶來他期望的結果。人們仍然會問：「你真的有這麼多年的經驗嗎？」更重要的是，這種偽裝讓他感到不自在，彷彿自己必須扮演另一個人，才能贏得別人的認可。

他不斷反思，年輕的外貌真的代表不夠專業嗎？他開始注意到，自己其實並不缺乏能力，而是社會環境塑造了這樣的偏見。這讓他開始思考，是否能夠以不同的方式面對這個挑戰。

找到對的群體，擁抱己身優勢

有一天，浩然在帶領一場職場新鮮人培訓時，發現自己比其他資

深顧問更容易和年輕人打成一片。他娃娃臉的外貌讓這些剛畢業的大學生沒有距離感，願意向他敞開心扉，談論自己對職場的擔憂與困惑。

他突然意識到，這或許不是缺點，而是一種優勢。

他開始主動接觸更多應屆畢業生市場，利用自己的親和力與年輕外貌，讓求職者更放鬆，願意接受他的建議。他發現，這樣的做法不僅幫助了更多年輕人，也讓他在顧問業界建立了獨特的個人品牌。

他開始在課程中融入更多年輕人實際遇到的挑戰，並與企業端對接，幫助年輕求職者更順利地進入職場。他的「年輕外表」反而成為他的品牌特色——一位能真正理解年輕人困境的資深顧問。

現在，浩然不再試圖讓自己「看起來更成熟」，而是擁抱這份年輕外貌所帶來的機會，將它轉化為自己的職業優勢。他終於明白，雖然外表會影響別人的第一印象，但真正讓人信服的，還是自身的能力。

他學會了用專業去改變別人的偏見，用自信去主導自己的形象，而不是被動地接受社會對「成熟」的定義。他的年輕外貌依然存在，但現在，他更懂得如何讓這份「童顏」，成為他的優勢，而不是障礙。這樣的觀念轉變，讓浩然不僅在職涯顧問領域獲得更大成就，也讓他對自己的認同感更加穩固。每一張臉孔都有它的獨特性，而真正的專業，從來不該被外貌所定義。

PRACTICE

拆解標籤並反證

這項練習幫助你擺脫因外貌年輕而被低估的自我懷疑,強化內在價值感,使自我形象不受社會標籤影響。

步驟一　外貌標籤拆解

- 列出你曾因「童顏」被貼上的標籤,如:「不夠成熟」、「像實習生」。
- 針對每個標籤,寫下你的專業成就來反駁它。如:「我看起來年輕,但已累積10年管理經驗。」

步驟二　建立反證記錄

回顧至少3次你因專業能力獲得肯定的經驗,請寫下:

- 事件發生的時間與情境
- 你展現的能力
- 他人給予的正向回饋
- 如何證明能力與外貌無關

例如:「客戶選擇我為顧問,不是因為外貌,而是因為我的策略幫助他們找到適合的職缺。」

步驟三　內在語言重塑

- 將消極語言轉換為積極語言:「他們不相信我」→「我透過專業贏得信任」
- 每天早晨對著鏡子說 3 次自我肯定語句:「我的能力比外貌更具影響力。」

步驟四　角色反轉想像

- 假設你是一名雇主,在挑選專業顧問時,你會重視外貌還是能力?
- 記錄答案,提醒自己:「人資這份工作看重的是專業,而非長相。」

Theory   失控的抗老年代，童年也成為抗老戰場

上述案例中，提到男性因為童顏、娃娃臉而被質疑專業度不足並感到困擾的故事。

然而，在女性身上，抗老的戰場，卻驚人地被拉到從 10 幾歲就開始了。2022～2024 年之間，在歐美出現所謂 Sephora Kids 的現象，引起許多媒體人的關注和評論。Sephora 是國外的開架美妝產品店，販售產品有極度高昂的名牌 Dior、La Mer 等等，也有價位親民、地區化的美妝用品。

過往，Sephora 的主打對象，是大約 16 歲左右的女性，且沒有聽聞過這群女性選擇的產品「不適齡」。但近期，卻有許多 10 歲以下、還在換牙的小女生，擠在試用品前瘋狂試用或是要求使用不符合自己年紀的「抗老產品」，或對父母要求自己需購買熟齡肌膚專用的產品，以便自己可以提早抗老。大家都在問，這些小女孩怎麼了？為什麼她們會覺得自己需要使用「抗老產品」呢？

牙都還沒換好的孩子，需要抗老嗎？

隨著社群媒體的盛行，越來越多的兒童接觸到針對成人設計的抗衰老護膚產品。雖然這些產品的廣告和促銷活動通常針對成人，但由於社群媒體的影響，越來越多的兒童也開始使用這些產品。許多小女孩們在社群媒體平台上觀看到美妝 KOL 的護膚程序後，開始要求父母

親購買這些產品給自己。這個行為背後潛藏著許多風險，皮膚科醫師指出，兒童的皮膚結構與成人不同，更加敏感和脆弱，使用這些強效產品的話可能導致一系列皮膚問題，如紅腫、乾燥、脫皮等，甚至會引發皮膚炎和濕疹。

這種現象引起了家長、專家和立法者的廣泛關注。為了應對這一問題，加州議會法案第 728 號提議禁止向 13 歲以下的兒童銷售含有抗衰老成分的護膚品。法案規定，商家在銷售這類產品時必須採取合理措施來驗證購買者的年齡，例如在產品旁邊放置顯著的警示標語，或者在線上購買時要求提供身分證明。這些措施將有助於減少兒童誤用抗衰老產品的風險，保護他們的皮膚健康。

這項法案，可以幫助家長和孩子都更加地了解抗衰老產品對兒童的潛在危害，並促進建立更健康的護膚習慣。此法案還將有助於教育市場和消費者，讓他們意識到兒童護膚應該專注於保濕和防曬等基礎護理，而不是使用這些專為成人設計的產品。這將有助於減少由於不當使用產品而引發的皮膚問題，並促進兒童的整體健康。

正面身體意象教育──美妝企業 ESG 的新選擇，向國際品牌多芬看齊！

美妝品牌多芬（Dove），則透過宣傳活動將這一問題帶到了另一個境界。他們勇於挑戰現狀，並鼓勵多元的意見與聲音，支持真實的美麗與修正各種關於美的標準。

多芬的「#TheFaceof10」活動，正是針對這種詭譎的市場趨勢進行反思。多芬與身體意象專家的合作，提供針對父母與孩子進行關於外貌焦慮和保養肌膚的對話。他們強調，年輕女孩應該享受她們多樣化的童年，讓她們可以嘗試更多不同的事物，如：戶外運動、繪畫、樂器、

夏令營等等。而不是被主流的審美標準誘導，只做保養化妝的影像與網路展演。

國外媒體一致認同，關鍵應在於提高家長和孩子的媒體識讀能力，與分辨容貌焦慮議題來源與主流社會審美觀有關聯，而非改變自身的外貌就可以解決。家長應該教育孩子如何正確看待廣告和社群媒體上的護膚建議，並引導他們使用適合自己年齡和皮膚類型的產品。透過增強對容貌焦慮的認識，孩子們可以學會辨別什麼是真正對他們有益的，什麼只是市場推廣的噱頭而已。

在台灣，人們對這些問題的關注度逐漸增加，「超越鏡子」正積極尋求有志養成青少年外貌自尊的公司合作。目前，「超越鏡子」已提供了和身體意象有關的線上教育課程。課程旨在幫助大眾理解和接受自己的自然美，產生免疫力，抵擋來自社交媒體和廣告的負面影響。

隨著這些倡議的不斷推進，台灣有望成為一個更加關注年輕人心理健康和身體意象的社會，為他們的成長創造一個更加積極和支持的環境。

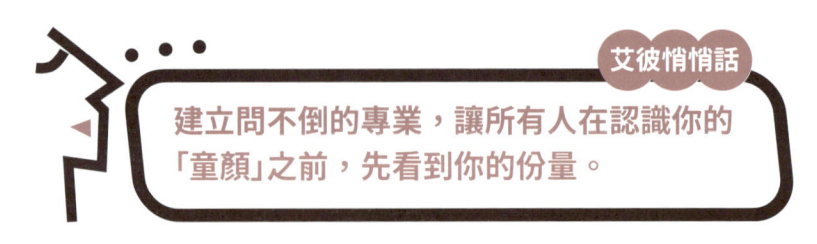

> **艾彼悄悄話**
> 建立問不倒的專業，讓所有人在認識你的「童顏」之前，先看到你的份量。

Chapter
19

跨性別者的容貌焦慮：
我好害怕被識破

#跨性別 #非二元 #性別肯定手術 #性別還原手術

Story 「更像女生」變成一種壓力

我的身體是別人的話題

Alexia 站在鏡子前，手指撥弄著剛開始留長的髮絲。她告訴自己，再過一段時間，這些髮絲會變得柔順，再長一些，就能自然地垂落肩膀。她離自己的理想形象越來越近了⋯⋯對吧？

她深吸一口氣，走出家門，準備迎接新的一天。然而，每次踏入公共空間，現實總是狠狠提醒她，她的過渡期仍然明顯地存在。

搭捷運時，她保持沉默，刻意避開車廂內的目光。她學會了縮起肩膀，試圖讓自己看起來更纖細一點。但當她開口問店員：「這個還有其他尺寸嗎？」店員愣了一下，眼神掃過她的臉，然後是她的骨架，最後停留在她的喉結上。「啊⋯⋯這款目前沒有大尺碼了。」語氣不確定，但充滿著某種被壓抑的遲疑。

Alexia 太熟悉這樣的反應了。人們總是無意識地審視她，試圖在「她看起來像個女生嗎？」與「她是不是某種⋯⋯特殊的人？」之間找到答案。她能感受到那些短暫的沉默，夾雜在每一次她說話、每一次她試著讓自己自然地存在於社會中的瞬間。

這是 Alexia 的日常經歷，她的身體，總會成為別人的話題。

比女生更女生

真正讓她感到窒息的，卻是來自她自己的圈子。某次參加跨性別社群的聚會，她聽到大家熱烈地討論如何讓自己「看起來更像女生」。有人提到聲音訓練，討論如何透過共鳴改變音頻；有人分享鼻部修容技巧，讓五官看起來更為精緻柔和。還有人開玩笑地說：「我們這群人，比真正的女生還更像女生吧！」

Alexia 僵住了。她開始懷疑，自己是不是不夠努力？她的聲音夠不夠高？她的五官還需要修飾哪些細節？當「更像女生」成為一種目標，她是否必須無止境地追求？

從那天起，Alexia 發現自己變得更加謹慎。她在說話前，會刻意調整語速，讓聲線顯得更柔和一些；她站在鏡子前，不斷檢查自己的肩膀是否太寬，鎖骨是否夠明顯。她開始考慮，自己是否應該投入更多時間練習發聲技巧？是否應該接受一些醫美療程來修飾臉部線條？

她開始感到疲憊。她以為，進入過渡期代表她終於能自由表達自己的性別認同，但沒想到，她卻進入了另一種無形的框架，要成為「更像女生」的女生。

心理學中的「性別刻板印象」理論指出，社會對於不同性別有固定的期待，當一個人不符合這些標準時，便容易遭受質疑與排斥。Alexia 發現，這樣的標準不只是來自異性戀社會，甚至在 LGBTQ+ 圈子裡，也被不斷強化。當她內化了這些標準後，她開始質疑自己的存在是否真的「有價值」？

她問自己：「如果我不符合這些標準，我還算是女生嗎？」但問題是，這些標準，到底是誰定義的？

某天，一位同樣經歷過渡期的跨性別朋友對她說：「我們不需要

證明什麼『我是女生』這種事給別人看，因為我們的靈魂本來就是啊！」

我是誰，不證自明

這句話讓 Alexia 愣住了。她一直在試圖變得「更像女生」，但其實，她一直都已經是自己認同的樣子。她的存在，從來不需要被驗證。

她開始重新檢視自己的想法。她開始有意識地提醒自己，不需要在別人的標準裡尋找自我價值。她練習站直身體，不再刻意縮起肩膀。她開始允許自己偶爾放鬆說話，而不是時時刻刻在意聲音的音頻變化。她試著讓自己相信：「性別，不是用外貌展演的競爭得來的。性別，也不是二元對立的。」

當 Alexia 不再追求「更像女生」，她反而第一次感受到真正的舒適。

跨性別女性的過渡期，並不只是生理上的變化，而是一場與社會標準的拉鋸戰。Alexia 最終學會，性別認同不是一場考試，更不是一場競爭。她不需要透過聲音、五官、體態去換取社會對她的認同，因為她本來就已經存在。她不再害怕那些打量的眼光，不再讓「像不像」這個問題困擾自己。

她終於明白，性別認同的核心從來不是「像不像」，而是「我選擇成為什麼樣的自己」。這個世界可能仍然充滿對於性別的標準與期待，但我們可以選擇不被這些期待定義。我們可以選擇勇敢地活出屬於自己的樣子。

當妳不再需要被認可，妳就已經是自己了。無論妳的過渡期如何，無論妳的外貌如何，妳就是妳，妳的存在不需要證明。

PRACTICE ✓

時光機信件

幫助任何正在探索自身性別認同與身體意象的讀者透過時間視角，釋放外界標準帶來的壓力，重新肯定自己的存在價值，並與自己的真實身分和解。

步驟一　給過去的自己：一封時光信

想像自己坐上時光機，回到過去——也許是剛開始經歷過渡期的時候，或是第一次意識到自己想要改變的那一刻。

請寫一封信給那時候的自己，告訴她：

- 當時的你，正在擔心什麼？
- 你是否害怕自己「不夠像」？
- 你對未來是否感到迷惘？
- 你想要告訴她什麼？

步驟二　站在現在：回顧這段旅程

寫完信後，閉上眼睛，回想過去的自己，看看這段路你已經走了多遠。並問問自己：

- 你曾經為了「變得更像」而做過哪些努力？
- 這些努力真的讓你快樂嗎？還是讓你更加疲憊？

- 如果打破這個「像女生」的標準，可能會怎麼樣？
- 有沒有什麼可以學習的前輩或同儕？
- 你最希望自己可以從這段旅程中學到什麼？

在筆記本上寫下你的答案，並試著覺察，這些問題的答案是否來自內心的真實渴望，還是來自外界對你的期待。

步驟三　給未來的自己：一封承諾信

現在，請寫一封信給五年後的自己。這封信將成為你的承諾，提醒你無論經歷什麼，你都值得擁有屬於自己的自由與平靜。

在信中，你可以寫下：

- 你希望五年後的自己過得如何？
- 你想提醒她什麼？
- 如果未來的她再度懷疑自己，你會如何鼓勵她？

步驟四　反思

- 在寫給過去的信時，你是否發現自己已經成長了許多？
- 你是否察覺到，曾經的焦慮，可能是來自社會施加的標準，而不是你真正的需求？
- 在寫給未來的信時，你是否更清楚自己想成為怎樣的人？

這封寫給未來的信可以保存起來，未來當你感到迷惘或懷疑時，重新閱讀，提醒自己：「我不需要證明自己，我已經是完整的我。」

Theory — 通過,或被拒絕?比順性別者更嚴苛的標準

跨性別者的容貌焦慮必須考慮性別不安

如果你是循序漸進,從前面開始閱讀的讀者,看到這裡,你一定會知道,容貌焦慮不能架空在生理因素、社會脈絡、性別角色之外獨立進行討論。探討跨性別者的容貌焦慮時,又更是如此,因為跨性別者在容貌焦慮議題是建立在性別不安(gender dysphoria)的架構下。

性別不安,指的是一個人在表達自己的性別、經驗自己的性別時,與其生理上的指定性別不一樣。在實務現場,最常聽見跨女(male to female,簡稱 MtF)這樣描述自己的性別經驗:「我覺得我的靈魂被放錯身體。我就是一個女生,卻被裝在男生的身體裡。」到了青春期第二性徵發育時,跨性別者對自己的身體厭惡感會變得更明顯,跨男(female to male,簡稱 FtM)最常這樣說:「看到自己有生理期,感覺很絕望。好像我真的擺脫不了我是一個女生的事實。」

跨性別並不限於是否接受性別肯定手術、賀爾蒙療法者,廣義來講,包括將自己歸類在非二元(non-binary)類別的男性與女性,都可以說是跨性別者,可以男生做很女性化的裝扮,或是女性做很男性化的裝扮,亦都可以算在跨性別的範疇之中。因此,不同階段的跨性別者,都要面對不同的困難。

性別變成一種展演：路人的眼神，可以先不要？

其中一個困難，就來自於身體意象。首先是，跨性別者已經對本身的生理性別感到焦慮；再來是，透過扮裝成另一個性別，也會面臨到社會性別的考驗。他們走在路上，經常會經歷到不同的眼光和竊竊私語。知名跨性別變裝藝術家妮妃雅（Nymphia Wind）在公視節目《誰來晚餐》的片段中，曾扮裝成灰姑娘角色搭捷運，她與拍攝團隊展演了一段各種不同人群看到她時的反應。小孩是很好奇，一直跑到他面前看，或是躲在角落偷瞄。長輩則是坐在原地裝作沒事，但眼神還是不自覺地跟隨著扮裝者。年輕人則是假裝在看手機，但可能在偷偷錄影。

「其實變裝，到頭來都是一個奮戰。我們在反抗，我們對於性別的認知或是社會壓迫我們同性族群的聲音，還是勢力。」妮妃雅曾經這樣描述自己的扮裝歷程。變裝皇后打破了「只有女性才能表現出女性特徵」的社會規則。

從妮妃雅的身上，你我會不會明白，性別只是一場社會規範下的表演？我們在不同的情境中不斷被塑造，也不斷在表演自己的身分？與此同時，你是否能覺察到，性別仍舊是非常二元的概念？不是男性，便是女性？不然，就是男性得展現出「更」女性化的特質，以及女性得展現出「更」男性化的特質？

「這個人究竟是男是女？」她穿得很女生，但是聲音很低沉。她妝化得很女生，但是好像是男生的骨架。跨女有生理男性的身高、骨架、喉結與聲音，在做了女生的裝扮後，這些都還是較為明顯的特徵，因此，跨女最擔憂的就是自己「不夠像女生」、「還是太陽剛」、「骨架太大」，希望走在路上不要被看穿，可以通過社會眼光的考驗。而這最終都反映出，跨性別者希望自己也被接納成為團體中的一分子，

社會的一分子。即使，這樣的代價，是他們必須從一個性別框架中跳脫，進入另一個性別框架的束縛之中。

跨性別者努力「通過審核」，背後都是為了感覺融入

英國學者貝莎妮・愛麗絲・瓊斯（Bethany Alice Jones）指出跨性別者為了「通過」（passing）社會審視、想被接納成一分子的期待，會讓他們比起順性別男性與女性更加嚴格地對待自己的外表，這是導致他們更容易出現容貌焦慮、身體臆形症、飲食疾患的主要原因。假如社會不再用這麼男女二元的方法看待性別議題，我相信，也能減輕很多跨性別者必須看起來「更像女生」的壓力，當然可以降低她們的容貌焦慮，以及得到身體臆形症、飲食疾患的機率。

跨性別女性承受了如此大的壓力，那麼跨性別男性呢？由於在男女性別二元的社會中，尚未走到性別確認手術的跨女，她們的歷程是要逐漸彰顯自己的女性化特徵，包括：留長髮、穿裙子、化妝、乳房等等，這些都是非常顯而易見的改變。但尚未走到性別確認手術的跨男，經常都只是讓自己越來越低調，如：穿束胸。因為早在 1920 年代，女性著褲裝在社會上就已經是非常普遍且被接納的現象，女生穿褲子不值一談。因此，不會有人特別留意常穿褲子的女性，卻會留意常穿裙子的男性。

然而，比起百花般綻放的跨女們，相對銷聲匿跡的跨男們適應得比較好嗎？美國學者珍妮佛・麥奎爾（Jenifer McGuire）所做的研究顯示，生理女和跨男的身體不滿度，高過生理男和跨女。研究者推測，跨女曾經身為生理男性，本身就是一個保護因子。跨性別男性的指定性別是女性，曾經身為生理女性的這件事情，就足夠導致一個人有較負面的身體意象，也會讓跨男接受到比較多「自我物化」的第三人稱

審查觀點，更容易採取節制飲食、過度運動等手段，讓自己的身形產生變化。

最容易引發跨性別者不滿的身體部位，包括：鬍鬚、體毛、皮膚、喉結、胸部、腹部、腰部、臀部等，幾乎都與第二性徵有關。為何了解哪些身體部位讓他們「不喜歡自己的身體」的這一點很重要呢？主因是，如果一個人不滿意的部位非與毛髮有關，例如胸部、腹部、臀部等等，有越多關於這些身體部位的不滿，就越能夠預測這個人是否會在日後衍生出飲食疾患，並想透過飲食，改變自己的體態。

女生好難：無所不在的自我審查

研究者也發現，跨性別族群之中，無論當事人認同的性別為何，跨男與跨女在追求「體態要瘦」的得分都很相似，且分數與生理女相當，明顯比生理男更高。這表示，不論是出生時的性別還是認同性別為女性，只要曾經受過「自我物化」的第三人稱審查觀點影響，都可能是一個導致當事人過度減重、引發飲食疾患的風險因素。

跨性別者的容貌焦慮，不僅是個人的心理掙扎，更是社會規範與性別框架交織而成的壓迫結果。在這個二元性別為主流的世界，跨女努力「通過」社會的審視，跨男則試圖讓自己「隱形」，但無論是哪種方式，最終都指向同一個核心問題——只有符合既定性別期待，才能被視為「真正的」男人或女人。而這樣的規則，正是讓跨性別者深陷外貌焦慮、身體臆形症、飲食疾患的根源。

然而，性別意識不應該是從一個性別框架跳入另一個，而是必須去拆解這些框架本身。

當我們開始理解，性別不該是一場表演，也不該是一場測驗，而

是每個人自在展現自我的權利,那麼,社會對於「看起來像不像」的苛求將不復存在,跨性別者也將不再需要以極端的方式證明自己的存在價值。因為一個人的存在方式,從來不該由外界的目光來決定,而是須由他們自己定義。

> **艾彼悄悄話**
> 世界真正需要的,是學會尊重你的獨特性。

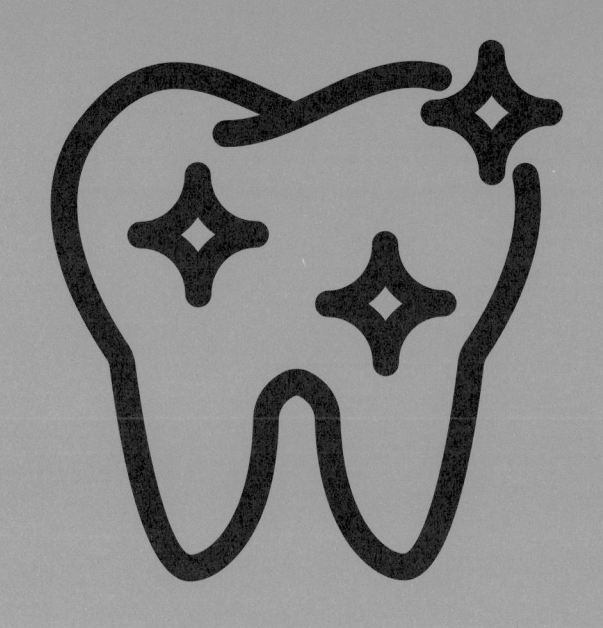

Chapter
20

牙齒成了資本主義的象徵

＃齒列矯正 ＃好面相 ＃露齒笑

Story 「牙齒不整齊會漏財？」讓她收斂起笑容的原因是⋯⋯

珺恩總是羨慕那些能夠毫無顧忌開懷大笑的人。

她 27 歲，在職場上表現亮眼，性格開朗，朋友們也喜歡她的幽默感。但她卻很少在人前放聲大笑。不是因為她不喜歡笑，而是因為她的牙齒。

從小到大，「兔牙」這個詞如影隨形，時而是親切的戲稱，時而是帶著嘲弄的標籤。她記得國小時，老師笑著對她說：「珺恩，你的牙齒真的很有特色！」同學們一哄而笑，開始模仿她說話的方式，甚至替她取了個「兔寶寶」的綽號。那時的她，還不懂這代表什麼，只知道每當自己笑得太開心，總會有人提醒她：「你的牙齒露出來了喔！」

時間久了，她學會了控制自己的表情，學會了在拍照時微微抿嘴，學會了在說話時刻意不露齒。她以為這樣就可以讓自己變得「正常」，但卻換來更多的在意。

上了高中，她開始察覺到，這份「可愛」是帶著限制的。

某次學校活動，她和朋友一起拍照，結果朋友看著照片，皺起眉：「珺恩，你要不要拍照的時候不要笑得太大？你的牙齒真的很明顯。」這句話像一記悶棍打在她心上。她原本就已經很努力讓自己的笑容不那麼「突兀」，但看來，別人還是注意到了。

完美笑容達成百分之幾？

到了大學，她對這件事更加敏感。她開始注意到，廣告上的女明星總是擁有整齊雪白的牙齒，笑容充滿自信且完美無瑕。朋友之間聊到「誰的笑容最美」，她總會默默縮在角落，生怕話題延燒到自己。

「你的笑容很可愛啊，但如果牙齒再整齊一點就更好了。」她聽過無數次這樣的評語，帶著微笑、看似善意，卻讓她心裡無數次否定自己的模樣。

隨著年齡增長，她開始注意到東方文化中對牙齒不整齊的負面評價。例如，面相學中認為牙齒不齊、有縫隙的人，守不住秘密，更會有漏財的風險。這些觀念讓她對自己的外貌產生了更多的自我懷疑。

珺恩終於下定決心，開始牙齒矯正。「這應該能解決我的問題吧？」她告訴自己。

然而，矯正帶來的並不是立刻的改變，而是一連串新的不適。她的牙齒被鋼絲束縛，說話變得含糊不清，吃飯時需要格外小心，甚至連微笑都覺得彆扭。矯正器讓她的牙齒看起來更突兀，反而讓她比以前更加害怕開口。

最讓她難受的，是當她期待已久的矯正過程結束後，她發現自己依然無法自在地微笑。

她盯著鏡子裡的自己，牙齒變整齊了，可是內心的不安卻沒有消失。她還是會在拍照時猶豫，還是會下意識地抿嘴，還是害怕別人評論她的笑容。那一刻，她才發現，真正困住她的不是她的牙齒，而是她對「完美笑容」的執著。

有溫度的笑容和牙齒無關

在一次志工服務活動中，珺恩原本不太願意拍照，擔心自己的笑容會被他人評價。然而，一位受助者對她說：「你的笑容讓我感到溫暖，謝謝你。」這句話深深觸動了她，讓她開始思考，或許笑容的價值並不在於外在的完美，而在於能夠傳遞真誠的情感。

受到這次經歷的啟發，珺恩決定為自己量身打造一個「真實笑容挑戰」。她每天拍攝一張自己開懷大笑的照片，並記錄當天讓她感到快樂的事情。剛開始時，她仍然感到不自在，但隨著時間的推移，她發現自己對笑容的焦慮逐漸減輕，開始欣賞自己真實的笑容。

透過這個過程，珺恩學會了自我接納，意識到笑容並非僅僅是外貌的展現，而是情感與個性的呈現。她不再執著於追求所謂的「完美笑容」，而是接受自己的獨特性，並以真誠的笑容面對生活。

珺恩的經歷告訴我們，微笑的價值不應該由社會標準來決定。真正的美，來自於內心的真誠與自信。當我們學會接納自己，才能展現出最真實、最動人的笑容。

她還做了一個決定，自己發起「真實笑容挑戰」，挑戰的對象就是她自己。她每天拍一張自己開懷大笑的照片，發送給朋友們，並寫下一件當天讓她快樂的事情。剛開始時，她仍然感到不自在，但慢慢地，她發現朋友們根本不在意她的牙齒，而是喜歡她傳遞的喜悅。

她開始自在地在人群中大笑，不再為了迎合社會的審美標準而壓抑自己的表情。因為，真正美麗的微笑，從來都不是因為符合某種標準，而是因為它真實、自由，並且屬於自己。

PRACTICE

發現笑容的時刻

這個練習幫助你從觀察自己的微笑,到真正感受微笑帶來的自在與力量。透過逐步探索,你將發現微笑不只是表情,而是一種內在的狀態。

步驟一　回溯微笑的記憶

- 專心回想人生中曾經讓你真心微笑的時刻。
- 嘗試回憶:

  那是什麼情境?(與家人、朋友在一起?聽到某個好消息?)

  當時你的感受是什麼?(開心、安心、被愛、被理解?)

  那個微笑是如何出現的?(不自覺地浮現?還是有意識地展開?)

- 把這些片段寫下來,並思考:這些微笑與你的外貌有關嗎?還是來自於當下的感受?

步驟二　發現你的微笑習慣

接下來的一週,每天做一次「微笑觀察」,記錄以下內容:

- 今天我在哪些時刻微笑了?
- 這些微笑是真心的,還是因為禮貌或社會習慣?

・當時的感受如何？這個微笑對我有什麼影響？

範例：

「今天在咖啡館點餐時，我對店員微笑，這是出於禮貌，但我發現對方也回以微笑，讓我感到愉悅。」

「朋友講了一個笑話，我忍不住笑出聲，這個笑容是自然的，感覺很輕鬆。」

「拍團體照時，我笑得很僵硬，因為擔心自己的牙齒不好看。」

觀察你的記錄，看看哪些微笑讓你真正感到自在？哪些時候的微笑讓你壓力更大？

步驟三　「微笑自由日」挑戰

挑選一天，這一天你將：

・讓每一個笑容都是自然的，不強迫、不掩飾。

・不再在拍照時刻意調整微笑，而是專注於當下的快樂。

・嘗試在與人互動時，感受微笑帶來的能量，而不是擔心外表。

步驟四　反思

・今天的微笑與平時有什麼不同？

・這樣的笑容讓我感覺更自在嗎？

・如果沒有任何審美標準，我的微笑是否會更輕鬆？

Theory 牙齒的恐怖歷史

遇到這個案例之前，我沒有想過齒列整齊與否、潔白亮麗與否也會是大家在意的事。但前面的章節裡，我曾經提到自己從自學到獲得身體意象教練（Body Image Coach）的起點，都是為了對求助者做更好的協助，也答應過他們，如果是我不了解的議題，一定會去查閱文獻、學習後再回來和他們進行討論。我當時服務的對象，都是在讀書一事上不只有天分，更是用功到極致的人。如果要為他們提供最大的協助，那麼我必定得作足功課才行。

牙齒實在是一個我沒有想過可以引發容貌焦慮的領域，也因為這樣，我翻閱了瑪麗・奧托（Mary Otto）的書籍《牙齒》（*Teeth*），這本書的副標題是「美、不平等，以及美國口腔健康奮鬥的故事」，可以了解到這也是一本在探討關於牙齒外觀、社會因素與階級的書。我相信很多包括我在內的很多人，從來沒有這樣想過牙齒相關的議題，所以特別想要寫出來和大家分享。

牙齒外觀的歷史，比我想像的還要淵遠流長。歷史上，人類的牙齒曾是一項可供買賣的「商品」。富人曾因為有錢吃糖、甜點，但又沒有口腔保健觀念，導致牙齒蛀牙、腐爛，而窮人因為吃不起糖，反而沒有「爛牙」的問題。於是，富人將腦袋動到窮人的牙齒上，用金錢交易，讓貧困者自願「賣牙」交換生活費，在沒有麻醉的情況下拔掉牙齒，並賣出牙齒給富人移植到他們的嘴巴裡。

書中提及，在 1928 年左右，牙醫查爾斯・品克斯（Charles Pincus）為當時還在換牙期間的童星，補上他們缺損的牙齒，讓他們更加上鏡。品克斯為美國演員茱蒂・嘉蘭（Judy Garland）和秀蘭・鄧波爾（Shirley Temple）設計了可卸式「好萊塢牙齒美白貼片」。這個本來只是給好萊塢明星使用的美妝工具，在 1980 年代開始，被美國牙醫大量使用，原本最大宗的求診者都是為了預防、治療牙口疾病而來，慢慢地轉成為了齒列美容而來求診。

韓國人的成年禮是整形，美國人的成年禮是牙齒矯正

因此，在主流媒體上，美國明星的牙齒都特別「大、白、整齊」，這種牙齒審美觀逐漸成為成功的象徵，並且往世界各地輸出。牙齒美白產品充斥社群媒體，讓人不自覺比較自己的牙齒是不是真的不好看，這種焦慮之下，自然也有很簡單的解答方式——牙齒美白濾鏡。

不只牙齒美白，連牙齒矯正都成為美國中產階級小孩成年前必做的一件事。據調查，80% 的北美青少年都曾進行齒列矯正，因此說是青少年的共通話題與回憶完全不為過。過去醫師建議最適合矯正的年齡是 12～16 歲，但現在被建議進行矯正的年齡已大約為換牙前後。曾有青少年表示，自己如果牙齒不整齊、沒有戴牙套，就會被嘲笑和霸凌。後來，開始流行隱形牙套，這個技術的出現再把中產階級細分成一般中產和高端中產。牙齒的美觀，已經成為一種階級象徵，而隱形牙套更像是一種「奢侈升級」。

然而解決之道絕對不是：「喔！我要賺更多錢，讓自己快點去做齒列矯正、牙齒美白。」而是我們知道了，對於牙齒「需要長成怎樣才是好的」，原來我們已經受到太多不純粹的影響，也在齒列整齊和牙齒美白上，投注了太多期待：「一口好牙讓我有自信」、「一口好牙，

讓你從害怕張嘴到業績變好」。如同我們前面章節多次強調過的，自信是多維度的，不必然和外表有關，討人喜歡的程度也不必然和外表有關。覺得自己很好看的「普信」因為不受外貌干擾的緣故，認知資源可以完全拿來展現專業技能，這樣的人可能在互動上更加受到歡迎。

容貌焦慮的成因與未來展望

一路從第一章談到這裡，我相信，你一定已經充分地感受到，外貌議題，不僅僅像是它表面看起來那樣簡單，也絕非大家最愛掛在嘴上的「膚淺」（beauty is only skin-deep）而已。外貌所牽涉到的，是生理、心理與社會三個層面。之所以透過「超越鏡子」提倡外貌平等身材平等等議題，主要就是看到新世代活在充滿社群、濾鏡的環境底下，已經由容貌焦慮衍生出身體臆形症、強迫症、飲食疾患。如果國外有多芬願意支持青少年的身體意象計畫，那麼，台灣就可以從「超越鏡子」開始，進入校園與老師、家長進行分享和座談，協助師長有能力引導兒童與青少年談論身體意象的議題，向年輕學子進行宣講，協助學生們有能力辨識社群媒體上的有害內容，以及如何進行數位斷食、媒體齋戒。我們也能和企業合作，在企業內部以身體意象為出發點，擬定更富有「DEI」的職場文化。

DEI 多元共融

DEI 是 Diversity（多元）、Equity（公平）與 Inclusion（共融）的縮寫，中文常譯為「多元、公平與共融」或「多元共融」。這是一套組織與社會實踐的價值框架，旨在建立一個更加平等、多元，並具有包容性的環境。在企業與組織中推動 DEI 不僅能促進員工的參與感和滿意度，還能提升創新力與市場競爭力。

DEI 的三大核心概念：

1. 多元

指組織成員在性別、種族、年齡、性取向、宗教、文化、體型、身心狀況等方面的多樣性。強調尊重並重視這些差異，讓組織能夠從不同觀點和經驗中受益。

2. 公平

關注如何對待多元的員工，確保每個人在組織內都能獲得公平的待遇、機會和資源。公平強調根據個體的不同需求提供適當的支持，以達成實質的平等。

3. 共融

指創造一個接納不同背景人士的環境文化，確保所有人都能被傾聽、被尊重，並感受到歸屬感。這有助於員工在組織中充分發揮潛力，提升整體的創新與生產力。

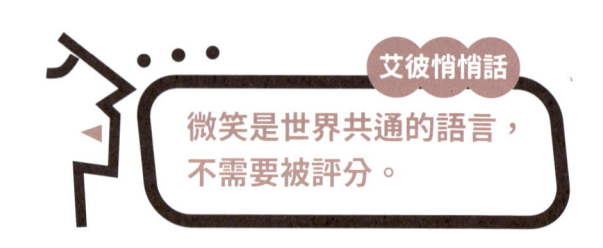

> **艾彼悄悄話**
> 微笑是世界共通的語言，不需要被評分。

參考資料

Chapter 2
Thompson, J. K., Heinberg, L. J., Altabe, M., & Tantleff-Dunn, S. (1999). Exacting Beauty: Theory, Assessment, and Treatment of Body Image Disturbance. Washington, DC: American Psychological Association.

Chapter 3
American Psychiatric Association. (2013). Diagnostic and Statistical Manual of Mental Disorders (5th ed.). Arlington, VA: American Psychiatric Publishing.

Chapter 4
1. Angelakis, I., Gooding, P., & Panagioti, M. (2016). Suicidality in body dysmorphic disorder (BDD): A systematic review with meta-analysis. Clinical Psychology Review, 49, 55-66.
2. Perkins A. Body dysmorphic disorder: The drive for perfection. Nursing. 2019 Mar;49(3):28-33.
3. Vashi NA. Obsession with perfection: Body dysmorphia. Clin Dermatol. 2016 Nov-Dec;34(6):788-791.

Chapter 5
1. Pope, H. G., Phillips, K. A., & Olivardia, R. (2000). The Adonis Complex: The Secret Crisis of Male Body Obsession. New York: The Free Press.
2. Ricciardelli, L. A., & McCabe, M. P. (2004). A Biopsychosocial Model of Disordered Eating and Muscularity-Oriented Behaviors in Adolescent Boys. Journal of Youth and Adolescence, 33(6), 449-461.
3. Connell, R. W., & Messerschmidt, J. W. (2005). Hegemonic Masculinity: Rethinking the Concept. Gender & Society, 19(6), 829-859.
4. Monocello, L. T., & Dressler, W. W. (2020). Flower boys and muscled men: comparing South Korean and American male body ideals using cultural domain analysis. Anthropology & Medicine, 27(2), 176-191.

Chapter 6
1. Rawana, J. S., & Morgan, A. S. (2014). Trajectories of depressive symptoms from adolescence to young adulthood: The role of self-esteem and body-related predictors. Journal of Youth and Adolescence, 43(4), 597-611.
2. Van den Berg, P., Paxton, S. J., Keery, H., Wall, M., Guo, J., & Neumark-Sztainer, D. (2007). Body dissatisfaction and body comparison with media images in males and females. Body Image, 4(3), 257-268.
3. Fan, M., Jin, Y., & Khubchandani, J. (2014). Overweight misperception among adolescents in the United States. Journal of Pediatric Nursing, 29(6), 536-546.

Chapter 7
1. Sims, C., & Byrd, M. Y. (2024). Appearance discrimination in the workforce. In Diversity in the workforce (3rd ed., pp. 14).
2. Mason, A. (2023). What's wrong with lookism?: Personal appearance, discrimination, and disadvantage. Oxford University Press.

Chapter 8
1. Lupis SB, Sabik NJ, Wolf JM. Role of shame and body esteem in cortisol stress responses. J Behav Med. 2016 Apr;39(2):262-75.
2. Cloudt MC, Lamarche L, Gammage KL. The impact of the amount of social evaluation on psychobiological responses to a body image threat. Body Image. 2014 Sep;11(4):350-6.
3. Dickerson, S. S., & Kemeny, M. E. (2004). Acute stressors and cortisol responses: A theoretical integration and synthesis of laboratory research. Psychological Bulletin, 130(3), 355-391.
4. McEwen, B. S., & Gianaros, P. J. (2010). Central role of the brain in stress and

adaptation: Links to socioeconomic status, health, and disease. Annals of the New York Academy of Sciences, 1186(1), 190-222.
5. Ginis, K. A. M., Strong, H. A., Arent, S. M., & Bray, S. R. (2012). The effects of threatened social evaluation of the physique on cortisol activity. Psychology & Health, 27(8), 990-1007.

Chapter9
1. Longobardi, C., Badenes-Ribera, L., & Fabrisa, M. A. Adverse childhood experiences and body dysmorphic symptoms: A meta-analysis. Comprehensive analysis exploring the correlation between childhood trauma, bullying, and the onset of Body Dysmorphic Disorder (BDD).
2. Moody TD, Morfini F, Cheng G, Sheen CL, Kerr WT, Strober M, Feusner JD. Brain activation and connectivity in anorexia nervosa and body dysmorphic disorder when viewing bodies: relationships to clinical symptoms and perception of appearance. Brain Imaging Behav. 2021 Jun;15(3):1235-1252.
3. Phillips, K. A., & Diaz, S. F. (1997). Gender differences in body dysmorphic disorder. Journal of Nervous and Mental Disease, 185(9), 570-577.
4. Haxby, J. V., Hoffman, E. A., & Gobbini, M. I. (2000). The distributed human neural system for face perception. Trends in Cognitive Sciences, 4(6), 223-233.

Chapter10
1. Tiggemann M, Lynch JE. Body image across the life span in adult women: the role of self-objectification. Dev Psychol. 2001 Mar;37(2):243-53.
2. Webster J, Tiggemann M. The relationship between women's body satisfaction and self-image across the life span: the role of cognitive control. J Genet Psychol. 2003 Jun;164(2):241-52.

3. Wilcox, S. (1997). Age and gender in relation to body attitudes: Is there a double standard of aging? Psychology of Women Quarterly, 21(4), 549-565.
4. Fredrickson, B. L., & Roberts, T.-A. (1997). Objectification Theory: Toward Understanding Women's Lived Experiences and Mental Health Risks. Psychology of Women Quarterly, 21(2), 173-206.

Chapter11
1. Cunningham ML, Pinkus RT, Lavender JM, Rodgers RF, Mitchison D, Trompeter N, Ganson KT, Nagata JM, Szabo M, Murray SB, Griffiths S. The 'not-so-healthy' appearance pursuit? Disentangling unique associations of female drive for toned muscularity with disordered eating and compulsive exercise. Body Image. 2022 Sep;42:276-286.
2. Cataldo, I., De Luca, I., Giorgetti, V., Cicconcelli, D., Bersani, F. S., Imperatori, C., Abdi, S., Negri, A., Esposito, G., & Corazza, O. (2021). Fitspiration on social media: Body-image and other psychopathological risks among young adults. A narrative review. Emerging Trends in Drugs, Addictions, and Health.
3. Boepple L, Ata RN, Rum R, Thompson JK. Strong is the new skinny: A content analysis of fitspiration websites. Body Image. 2016 Jun;17:132-5.

Chapter12
1. National Eating Disorders Association (NEDA). (2020). What Is Compulsive Exercise?
2. Homan KJ, Tylka TL. Appearance-based exercise motivation moderates the relationship between exercise frequency and positive body image. Body Image. 2014 Mar;11(2):101-8.
3. Hausenblas, H. A., & Fallon, E. A. (2006). Exercise and body image: A meta-analysis. Psychology and Health, 21(1), 33-

47.
4. Markland, D., & Ingledew, D. K. (2007). The relationships between body mass and body image and relative autonomy for exercise among adolescent girls. Journal of Sports Sciences, 25(4), 319-327.
5. Corazza, O., Simonato, P., Demetrovics, Z., Mooney, R., van de Ven, K., Roman-Urrestarazu, A., Rácmolnár, L., De Luca, I., Cinosi, E., Santacroce, R., Marini, M., Wellsted, D., Sullivan, K., Bersani, G., & Martinotti, G. (2019). The emergence of exercise addiction, body dysmorphic disorder, and other image-related psychopathological correlates in fitness settings: A cross-sectional study. PLOS ONE, 14(4), e0213060.

Chapter13
Bassiri-Tehrani B, Nguyen A, Choudhary A, Guart J, Di Chiaro B, Purnell CA. The Effect of Wearing a Mask on Facial Attractiveness. Aesthet Surg J Open Forum. 2022 Sep 2;4:ojac070.

Chapter14
1. Rodgers, R. F., Lombardo, C., Cerolini, S., Franko, D. L., Omori, M., Fuller-Tyszkiewicz, M., Linardon, J., Courtet, P., & Guillaume, S. (2020). The impact of the COVID-19 pandemic on eating disorder risk and symptoms. The International Journal of Eating Disorders, 53(7), 1166-1170.
2. Choukas-Bradley S, Maheux AJ, Roberts SR, Hutchinson EA, Lu C, Ladouceur CD, Silk JS. Picture Perfect During a Pandemic? Body Image Concerns and Depressive Symptoms in U.S. Adolescent Girls During the COVID-19 Lockdown. J Child Media. 2022;16(4):481-492.
3. Pfund, G. N., Hill, P. L., & Harriger, J. (2020). Video chatting and appearance satisfaction during COVID-19: Appearance comparisons and self-objectification as moderators. Eating Disorders, 53(12), 2038-2043.
4. Pikoos TD, Buzwell S, Sharp G, Rossell SL. The COVID-19 pandemic: Psychological and behavioral responses to the shutdown of the beauty industry. Int J Eat Disord. 2020 Dec;53(12):1993-2002.
5. Pfund, G. N., Hill, P. L., & Harriger, J. (2020). Video chatting and appearance satisfaction during COVID-19: Appearance comparisons and self-objectification as moderators. International Journal of Eating Disorders, 53(12), 2038-2043.
6. Robertson M, Duffy F, Newman E, Prieto Bravo C, Ates HH, Sharpe H. Exploring changes in body image, eating and exercise during the COVID-19 lockdown: A UK survey. Appetite. 2021 Apr 1;159:105062.

Chapter15
1. Sebri, V., Jiménez-Díaz, A., Herrero, R., Galdón, M. J., Baños, R., & Pravettoni, G. (2025). Relating to a new body: understanding the influence of body compassion and metacognition on body image in breast cancer survivors. Cogent Psychology, 12(1).
2. Almeida M, Griff MI, Brandão T. Coping and Positive Body Image in Young Women with Breast Cancer: The Buffering Role of Social Support. Healthcare (Basel). 2025 Feb 6;13(3):346.
3. Vardar Yagli, N., Aksel Uylar, A.A. (2024). Body Image and Body Awareness in Breast Cancer: The Role of Imagination. In: Bakar, Y., Tuğral, A. (eds) Managing Side Effects of Breast Cancer Treatment. Springer, Cham.
4. Konain, N.- e-., Rabia, Kainat, Fatima, A. ., Hayat, U. ., & Shahid, W. . (2025). Understanding Psychological Distress and Body Image Disturbances among Breast Cancer Survivors: A Role of

Surgery. Bulletin of Business and Economics (BBE), 14(1), 1-5.
5. Kołodziejczyk A, Pawłowski T. Negative body image in breast cancer patients. Adv Clin Exp Med. 2019 Aug;28(8):1137-1142.
6. Przezdziecki A, Sherman KA, Baillie A, Taylor A, Foley E, Stalgis-Bilinski K. My changed body: breast cancer, body image, distress and self-compassion. Psychooncology. 2013 Aug;22(8):1872-9.
7. Brett D. Thombs, Lisa D. Notes, John W. Lawrence, Gina Magyar-Russell, Melissa G. Bresnick, James A. Fauerbach,From survival to socialization: A longitudinal study of body image in survivors of severe burn injury, Journal of Psychosomatic Research,Volume 64, Issue 2, 2008, Pages 205-212.

Chapter16
1. kazemeyan, S. and karimi, M. (2018). The Relationship of the Social Identity with the Quality of Parents –Child relationship among the Girl Students of Secondary High School: Comparative study of the Role of Fathers and Mothers. Counseling Culture and Psycotherapy, 9(34), 103-118.
2. Smorti, M., Milone, A., Gonzalez Gonzalez, J. et al. Adolescent selfie: an Italian Society of Paediatrics survey of the lifestyle of teenagers. Ital J Pediatr 45, 62 (2019).
3. Hatami Varzaneh, A., Fathi, E., & Asadi, M. (2022). Regression model of sensitivity in interpersonal relationships based on body image concern and relationship with father among female freshman students. Journal of Research in Psychopathology, 3(9), 1-7.
4. Arroyo, A., Segrin, C., Harwood, J., & Bonito, J. A. (2017). Co-rumination of fat talk and weight control practices: An application of confirmation theory. Health Communication, 32(4), 438-450.

5. Goslin, A., & Koons-Beauchamp, D. (2022). The Mother-Daughter Relationship and Daughter's Positive Body Image: A Systematic Review. The Family Journal, 31(1), 128-139.
6. Rodgers R, Chabrol H. Parental attitudes, body image disturbance and disordered eating amongst adolescents and young adults: a review. Eur Eat Disord Rev. 2009 Mar;17(2):137-51.

Chapter17
1. Toledano, E. (2012). The looking-glass ceiling: Appearance-based discrimination in the workplace. Cardozo Journal of Law & Gender, 18, 793.
2. Cavico, F. J., Muffler, S. C., & Mujtaba, B. G. (2012). Appearance discrimination, "lookism," and "lookphobia" in the workplace. Journal of Applied Business Research, 28(5), 791-802.
3. Niu, Y., Liu, J., & Hirudayaraj, M. (2021). Lookism in the Chinese workplace: An integrated literature review. International Journal of Work Organisation and Emotion, 12(1), 1-21.
4. Chenevert, M., Balducci, C., & Vignoli, M. (2024). Lookism, a leak in the career pipeline? Career perspective consequences of lookism climate and workplace incivility. Behavioral Sciences, 14(1), 30.

Chapter19
1. Jones BA, Haycraft E, Murjan S, Arcelus J. Body dissatisfaction and disordered eating in trans people: A systematic review of the literature. Int Rev Psychiatry. 2016;28(1):81-94.
2. McGuire, J. K., Doty, J. L., Catalpa, J. M., & Ola, C. (2016). Body image in transgender young people: Findings from a qualitative, community-based study. Body Image, 18, 96–107.

附錄
當教科書無法給答案,心理師需要反身實踐
「EMBRACE:七步驟擁抱容貌焦慮」課程的誕生

讓我決定開發「EMBRACE:七步驟擁抱容貌焦慮」課程的契機,是來自某次實務現場的經驗。

那是一位明確前來談「容貌焦慮」的個案。她的話語直接、具體、充滿痛苦,卻也讓我手足無措。即使我接受過完整的心理師訓練、協助許多個案,那一刻我仍然驚覺,自己對這類議題的理解其實極其有限。我回頭翻閱各種教科書與專業手冊,卻發現:「身體意象」、「外貌焦慮」、「飲食疾患」等關鍵詞,加總起來的篇幅之少。但這些問題,卻不斷浮現於現實生活。

我聽過大考前強迫節食的中學生,因為「不瘦就不配成功」的信念,讓外貌成為成績的交換品;我遇過在親密關係中被另一半鼓勵應該有特定的身體樣態,當事人為了維護關係而過度減肥、進行特定部位手術;也有人從小就因外貌被取笑、在師長眼中成為透明人,最終逐漸發展出憂鬱症狀與飲食障礙。

這不是一個偶發的個人經驗,而新時代社會中不斷製造的壓力副產品。這樣的困境,也發生在不同年齡、性別與背景的人身上:

1. 關心下一代的家長:你可能也曾在年輕時為外貌煩惱,如今卻不知道該怎麼回應孩子面對社群媒體的比較壓力。

2. 對心理學與社會學有興趣的年輕世代:你可能正在尋找一種語言,來理解「我為什麼會這樣想自己」。

3. 教育現場的老師與輔導人員:你可能已經看見學生的身體意象

焦慮，尚待建立背景知識與回應策略。

4. 願意誠實面對自我矛盾的你我：從來沒有被告知自己可以討論外貌痛苦的我們，終於有機會問出那句話——「為什麼我這麼在意？」

當我站在心理師的角色裡，卻發現自己沒有足夠的工具可以承接、陪伴、調節……因此我決定特別為此議題，自己設計一門課程，也就是「EMBRACE：七步驟擁抱容貌焦慮」。這個課程，不是為了填補學術空白而誕生，它是我對於「為何自己的專業未能給出足夠回應」的誠實反思；更是我願意從實務出發，回應這股焦慮的具體行動。

這堂課，是獻給那些求助者的承諾：「我願意認真研究，和你一起走下去。」

這門課程是一套融合心理治療理論、文化批判視角與生活實踐的方法系統。

我們以生物心理社會模式（Biopsychosocial Model）為根本，理解容貌焦慮並非單一心理現象，而是生理狀態、心理狀態與社會壓力交織的產物。

同時，我們運用認知行為療法（CBT）的理論基礎，發展出七個結構性的實踐步驟，幫助參與者逐步鬆動內化的審美壓力、修復與身體的關係，並在生活中找回身體的主體性。

七步驟包括：

Extract（拔除有毒文化）：從日常生活中辨識內化的審美訊息，例如廣告、社群、親密關係中不自覺出現的「羞辱語言」與單一美的價值觀。

Myth（破除迷思）：深入探討主流審美與成功形象的結構性來源，質疑「瘦才是自律」、「白才是高級」、「青春永駐才是幸福」等主流審美迷思。

Belief（信念陷阱）：運用 CBT 技巧辨識非理性信念與自我語言中的「災難化思考」、「全有全無思維」等陷阱，建立更溫柔穩定的自我對話。

Resilience（外貌復原力）：結合 CBT 的情緒調節技術，強化個體在面對外貌批評、比較或挫折時的心理彈性與應對資源。

Action（行動）：練習以具體可執行的行動取代強迫或逃避，例如進行媒體齋戒、媒體內容再審視、設定社交界線、焦慮階梯、素顏挑戰等。

Consolidation（身心整合）：了解生理焦慮如何被引發，如何影響容貌焦慮產生，整合認知、情緒與行為上的變化，建立新的價值感與行動習慣，使改變得以穩定維持。

Embrace（擁抱身體多樣性）：最終步驟邀請學員擴展對身體的理解，接納多元的存在樣貌，也看見自己在建構更寬容社會文化中的角色與力量，減少因容貌而生的內隱偏見或歧視。

每一個步驟都搭配了實用、可日常操作的練習、反思與心理工具，考量議題特殊性。課程捨棄顏值紅利，轉而使用語音與插畫進行呈現，避免臉孔造成觀看者內心有更多不必要的比較、評價與焦慮。課程並不診斷，而是以陪伴與轉化為核心，幫助學員用自己的節奏、在自己的語境中，重建與身體的關係。

誠摯邀請您，掃碼了解更多！

國家圖書館出版品預行編目(CIP)資料

容貌焦慮：擺脫壓力、憂鬱、厭食的惡性循環，重新愛上自己的真實樣貌 / 王昱勻（艾彼）著. -- 初版. -- 臺北市：遠流出版事業股份有限公司, 2025.08
面；　公分. --（大眾心理館）
ISBN 978-626-418-285-0(平裝)

1. CST: 面貌 2.CST: 焦慮 3.CST: 自我肯定 4.CST: 應用心理學

177.2　　　　　　　　　　　　　　　114008901

大眾心理館 A3382
容貌焦慮
擺脫壓力、憂鬱、厭食的惡性循環，重新愛上自己的真實樣貌

作者　王昱勻（艾彼）

責任編輯　李佳姍
校對　林婉君

出版四部
總編輯．總監　王秀婷
主編　洪淑暖、李佳姍

發行人　王榮文
出版發行　遠流出版事業股份有限公司
地址　104005 台北市中山北路一段 11 號 13 樓
客服電話　(02) 25710297　傳真：(02) 25710197
劃撥帳號　0189456-1

ISBN 978-626-418-285-0
2025 年 8 月 1 日初版一刷
定價　新台幣 450 元

缺頁或破損的書，請寄回更換
著作權顧問　蕭雄淋律師
有著作權．侵害必究 Printed in Taiwan

封面設計　朱陳毅
內頁排版　Pure

遠流博識網
http://www.ylib.com
客服信箱 ylib@ylib.com
FB 遠流粉絲團

Take Care Of Yourself.

我是男朋友，
想陪你照顧自己，不是挑剔自己。

保養，是一種照顧，不是修正。

如果你也曾對著鏡子皺眉，
我們懂，那不容易。

我們是一個賣保養品的品牌，
但我們願意說：有些不完美，真的沒關係。

願你喜歡的不是變得像誰，
而是喜歡當下這樣就很好的自己。

來自「男朋友 Boy Friend」，
一個相信每種肌膚都值得自在的保養品牌。

男朋友 Boy Friend | LINE | 官網

Poly Lülu

棉花糖女孩的衣櫃L~5XL

Poly Lülu 官網

{ Poly Lulu 致力讓不同身型女孩
穿出自我風格無須受限 }

BEAUTY HAS NO SIZE